中欧桥梁结构抗震设计标准对比分析

卢 傲 王志刚 杨 明 编著

人民交通出版社股份有限公司
北 京

内 容 提 要

本书对欧洲桥梁结构抗震设计标准与中国桥梁结构抗震设计的有关标准从标准条款、设计要求、设计理论、设计方法等方面进行了全方位的对比分析和算例验证。主要内容包括:基本要求及遵从准则、地震作用、结构分析、强度验算、构造细节设计、带隔震装置的桥梁等。

本书可供桥梁抗震设计的研究人员、标准编制人员、工程设计施工人员及高等院校相关专业的教师和学生参考。

图书在版编目(CIP)数据

中欧桥梁结构抗震设计标准对比分析 / 卢傲, 王志刚, 杨明编著. — 北京 : 人民交通出版社股份有限公司, 2019.12

ISBN 978-7-114-16147-6

Ⅰ. ①中… Ⅱ. ①卢… ②王… ③杨… Ⅲ. ①桥梁结构—防震设计—设计标准—对比研究—中国、欧洲 Ⅳ. ①U442.5-65

中国版本图书馆 CIP 数据核字(2019)第 301015 号

Zhong-Ou Qiaoliang Jiegou Kangzhen Sheji Biaozhun Duibi Fenxi

书　　名: 中欧桥梁结构抗震设计标准对比分析
著 作 者: 卢　傲　王志刚　杨　明
责任编辑: 李学会　卢俊丽
责任校对: 刘　芹
责任印制: 刘高彤
出版发行: 人民交通出版社股份有限公司
地　　址: (100011)北京市朝阳区安定门外外馆斜街 3 号
网　　址: http://www.ccpress.com.cn
销售电话: (010)59757973
总 经 销: 人民交通出版社股份有限公司发行部
经　　销: 各地新华书店
印　　刷: 三河市国新印装有限公司
开　　本: 880×1230　1/16
印　　张: 4.25
字　　数: 137 千
版　　次: 2019 年 12 月　第 1 版
印　　次: 2019 年 12 月　第 1 次印刷
书　　号: ISBN 978-7-114-16147-6
定　　价: 80.00 元
(有印刷、装订质量问题的图书,由本公司负责调换)

前　言

Foreword

2018 年 6 月，由人民交通出版社股份有限公司主持的国家出版基金项目“土木工程欧洲规范翻译与比较研究出版工程(一期)”正式启动。该项目以欧洲结构设计标准为研究对象，包括 Eurocode 0 ~ 9、英国国家附件、法国国家附件、配套设计指南和对比研究。项目旨在便于国内相关科研院所及标准制修订者更广泛的研究借鉴，助力中国工程技术标准和设计咨询业“走出去”。

本书涉及桥梁结构抗震设计中的典型问题，并解释了 EN 1998-2 和国内建筑抗震设计标准的差异，可为理解和使用 EN 1998-2 提供帮助与指导。

本书虽然力图成为一份独立的文件，但为了让读者更为准确地理解欧洲结构设计标准的原意，很多情况下复述了其相应的条款，同时引用国内桥梁抗震设计多个标准中的相关条款，因此读者应结合相关标准阅读本书。

全书共分 7 章，主要内容包括引言、基本要求与遵从准则、地震作用、结构分析、强度验算、构造细节设计、带隔震装置的桥梁等。为加强对欧洲结构设计标准的理解，保持内容的一致性，本书的第 1 ~ 7 章分别对应于 EN 1998-2 第 1 ~ 7 章的相关专题。本书除个别章节有所变动外，基本沿用了 EN 1998-2 章节的结构顺序。

本书在写作过程中，重点对中欧标准的条文规定异同点进行了分析，并给出了一些算例，分别采用中欧标准进行了计算，并对中欧标准计算方法的差异性进行了研究分析，希望为读者使用欧洲结构设计标准提供帮助，但限于作者水平，对中欧标准的研究和理解不透彻，肯定会有一些不准确和不完善之处，敬请读者不吝指教。

本书在对比中涉及的中国标准主要包括：

《公路工程抗震规范》(JTG　B02—2013)

《公路桥梁抗震设计细则》(JTG/T　B02-01—2008)

《公路钢筋混凝土及预应力混凝土桥涵设计规范》(JTG　3362—2018)

特别说明，本书涉及的中国标准在第一次出现时使用全称(包括标准名称和标准号)，后续出现时仅使用标准号。

中交第二公路勘察设计研究院有限公司

卢　傲　王志刚　杨　明

2019 年 10 月

目　录

Contents

第1章 引言

在工程领域,欧洲结构设计标准(以下简称"欧洲标准")是具有影响力和权威性的国际性标准之一。1975 年,欧洲共同体委员会(Commission of the European Community,CEC)开始编制一套关于结构设计技术规范的欧洲标准,以逐步取代各成员国的标准,解决欧洲各国在土木工程设计方面互不一致而导致的各成员国在工程界形成的人为障碍,促进技术共同进步与欧洲工程市场的发展。1989 年,CEC 将欧洲标准编制工作交给欧洲标准化委员会(European Committee Standardization)负责。经过 30 多年的发展,欧洲标准由试行版本发展为正式标准。目前,欧洲标准包括 10 部分内容,其中,Eurocode 8(以下简称"EN 1998")是关于结构抗震的标准。EN 1998 包括 6 部分内容,其中第 2 部分(EN 1998-2)是关于桥梁抗震的标准,现行的版本是 2005 年版。

抗震设计标准的有效性通过接受各种形式的检验来进行不断修订、充实和优化,从而得到逐步提高。其中,结构经历强震后的震害程度是最有效的检验方式。但中国除少部分地区外,有抗震设防要求的大部分地区在结构设计使用期内接受强震检验的机会很少。在这种情况下,与经历强震检验次数相对较多、理论及经验较为成熟的国家和地区的抗震设计标准进行比较,不失为一种对中国标准抗震设防效果的间接评价方法。

中国是一个幅员辽阔的国家,地震区分布广泛,地质条件差异大,并且各地区经济水平发展不平衡,抗震标准的制定需要考虑这些因素。欧洲标准既考虑了统一的必要性,又考虑了欧盟各国地震区的差异性,这方面很值得我们借鉴。

基于以上两方面的原因,希望通过对《公路桥梁抗震设计细则》(JTG /T B02-01—2008)和 EN 1998-2 在抗震设防目标、抗震设防分类、反应谱、地震作用、分析、强度、细部设计及隔震桥梁等方面的比较分析,给中国从事桥梁工程抗震设计和研究的人员提供一些参考与借鉴。

1.1 中欧桥梁抗震设计标准概述

1.1.1 JTG B02—2013

JTG B02—2013 共有 9 章 1 个附录。修订内容包括基本规定、地基和基础、桥梁、隧道、挡土墙、路基、涵洞等的抗震要求。较原规范,主要变化为:

(1)根据现行《中国地震动参数区划图》(GB 18306)的有关规定,修改了地震作用的表述方法,用地震动参数代替地震基本烈度作为表征地震作用的主要形式。

(2)增加了章节"基本规定",对公路工程抗震设防目标、设防标准、地震作用、抗震设计的要求及基本的抗震措施做出了系统的要求,突出了"概念设计"的理念。

(3)调整了公路工程构筑物的抗震重要性分类和设防标准的规定,提出了对生命线工程和有特殊要求的工程可以结合具体情况适当提高抗震设防等级的要求。

(4)增加了液化土的判别及处治措施的内容。

(5)提出了桥梁两水平设防的设计要求和方法,增加了桥梁延性设计和减隔震设计的基本要求。

(6)增加了一些成功的抗震设防措施,并尽量使其与地震作用相对应,提高规范的可操作性。

JTG B02—2013 在《公路工程抗震设计规范》(JTJ 004—1989)和《公路桥梁抗震设计细则》(JTG/T B02-01—2008)的基础上修订而来,JTG B02—2013 指出:JTG/T B02-01—2008 与 JTG B02—2013 有矛盾的内容,以 JTG B02—2013 规定的内容为准。

1.1.2 JTG /T B02-01—2008

JTG/T B02-01—2008 共有 11 章 4 个附录。较原规范修订的主要内容包括:

(1)扩大了适用范围,增加了非规则桥梁的抗震设计内容;对斜拉桥、悬索桥、单跨跨径超过 150m 的特大跨径梁桥和拱桥,给出了抗震设计原则和有关规定;增加了桥梁减隔震设计的原则和有关规定。

(2)修订了相应的设防标准和设防目标,采用了两水平设防、两阶段设计的抗震设计思想,由单一强度的抗震设计修改为强度和变形双重指标控制的抗震设计。

(3)补充、细化了场地和地基部分的有关规定。

(4)修订了地震作用部分,修订了水平设计加速度反应谱,反应谱周期由 5s 增加到 10s,增加了场地系数、阻尼调整系数、竖向设计加速度反应谱等内容,增加了地震作用分量组合、设计时程等有关规定,取消了综合影响系数,补充修订了地震土压力计算公式。

(5)增加了桥梁延性抗震设计和能力保护原则的有关规定,增加了延性构造细节设计的有关规定。

(6)增加了抗震分析建模原则和抗震分析方法等有关规定。

(7)修订了抗震措施的有关规定。

1.1.3 EN 1998-2

EN 1998-2 是欧洲标准中 EN 1998 的桥梁分册,由 CEN/TC250 编制,其秘书处设在英国标准协会。CEN/TC250 对所有欧洲标准负责。

除另有规定外,EN 1998-2 中关于地震作用的规定应符合 EN 1998-1:2004 第 3 章中的规定。由于桥梁抗震系统与建筑结构以及其他结构相比具有不同的特性,EN 1998-2 除第 3 章地震作用的相关规定与 EN 1998-1 的规定相同外,其他所有章节一般独立于 EN 1998-1:2004 中的相关内容。但是,有时也会引用 EN 1998-1:2004 中的部分规定。

由于地震作用主要是由桥墩来抵抗,而且桥墩通常是由钢筋混凝土材料建造,因此,EN 1998-2着重强调了桥墩的抗震设计。大多数情况下,支承是桥梁抗震系统中很重要的组成部分,因而需要进行相应处理,地震隔离装置同样如此。

1.2 中欧标准桥梁抗震设防目标对比

1.2.1 欧洲标准桥梁抗震设防目标

EN 1998-2 第 2.2 节对桥梁抗震设防的基本要求进行了规定,其采用两水准抗震设防目标。

(1)不倒塌要求:当遭遇50年内超越概率为10%(重现期475年)的设计地震作用时,结构应设计和建造成能抵御设计地震作用,无局部或整体倒塌,并在地震后能够继续保持结构的整体性和一定的残余承载力。即设计地震发生后,设计用来消耗能量的结构部位只发生轻微破坏,破坏不会导致交通量减小,无须立即修复。

(2)限制破坏要求:当遭遇10年内超越概率10%(重现期95年)的地震作用时,结构应设计和建造成能抵御该地震作用,无损坏和使用上受限的情况发生,地震造成的经济损失远小于工程成本。即设计地震发生后,尽管结构的某些部位遭到较大程度的破坏,但结构仍能保持其整体性和有足够的残余承载能力。

以上列出的设防水准是EN 1998-2的推荐值,EN 1998允许各成员国根据本国对地震灾害危险性的判断和经济水平调整抗震设防水准。

1.2.2 中国标准桥梁抗震设防目标

JTG /T B02-01—2008第3.1.1条和JTG B02—2013第3.1.2条从中国实际情况出发,考虑公路桥梁的重要性和在抗震救灾中的作用,本着确保重点和节约投资的原则,对不同桥梁定义了不同的抗震安全度。具体来说,把公路桥梁分成A、B、C、D四个抗震设防类别,其中主跨超过150m的特大桥为A类,A、B、C、D类桥梁的划分依据及其设防目标见表1-1。

抗震设防类别和目标 表1-1

桥梁抗震设防类别	设防目标	
	E1地震作用	E2地震作用
A类(单跨跨径超过150m的特大桥)	一般不受损坏或不需修复可继续使用	可发生局部轻微损伤,不需修复或经简单修复可继续使用
B类(单跨跨径不超过150m的高速公路、一级公路上的桥梁,单跨跨径不超过150m的二级公路上的特大桥、大桥)	一般不受损坏或不需修复可继续使用	应保证不致倒塌或产生严重结构损伤,经临时加固后可供维持应急交通使用
C类(二级公路上的中桥、小桥,单跨跨径不超过150m的三、四级公路上的特大桥、大桥)	一般不受损坏或不需修复可继续使用	应保证不致倒塌或产生严重结构损伤,经临时加固后可供维持应急交通使用
D类(三、四级公路上的中桥、小桥)	一般不受损坏或不需修复可继续使用	—

JTG /T B02-01—2008和JTG B02—2013按地震重现期的不同将设计地震动划分为E1地震和E2地震,分别对应两个水平的抗震设防标准。不同类别的桥梁对应的E1地震和E2地震的重现期长短不同。对于B、C类桥梁,E1地震的重现期为50~100年,E2地震的重现期约为2000年。D类桥梁由于抗震重要性较低,仍按一级设防标准进行抗震设计。

JTG/T B02-01—2008和JTG B02—2013抗震设防思想采用两水平抗震设防,即要求进行E1和E2两个水平地震作用下的抗震设防和抗震设计。相应于E1和E2地震作用,参照国外桥梁抗震设防的性能目标要求,规定:A类桥梁的抗震设防目标是E1地震作用下不发生损伤,E2地震作用下可产生有限损伤,但地震后应能立即维持正常的交通通行;B、C类桥梁的抗震设防目标是E1地震作用下不应发生损伤,E2地震作用下不致倒塌或产生严重结构损伤,经临时加固后可供维持应急交通使用;D 类桥梁的抗震设防目标是 E1 地震作用下不发生损伤。实际上,上述抗震设防目标是将“小震不坏、中震可修、大震不倒”的理念贯彻到具体的结构类型上,在此基础上,进行结构的抗震设计。

另外,近几十年来,震害经验、试验研究以及理论分析均表明,变形能力和耗能能力不足是结构在大震作用下倒塌的主要原因。JTG /T B02-01—2008 通过把桥梁设计成延性结构来保证其在罕遇地震作用下具有足够的变形能力是个较大的改进。

1.3 中欧桥梁抗震标准适用范围

1.3.1 欧洲标准

EN 1998-2 主要涉及桥梁抗震设计,其中水平地震作用主要通过桥墩的受弯或桥台来抵抗。例如,由支撑着上部结构的垂直或几乎垂直的桥墩系统构成的桥梁。EN 1998-2 可用于斜拉桥和拱桥的抗震设计,但并没有完全涵盖全部桥梁形式,不包括悬索桥、木桥和石砌桥、可移动桥和浮桥。

EN 1998-2 只包含地震区域桥梁设计时,除了其他相关欧洲标准或 EN 1998 有关部分外需要遵守的条款。在低地震情况中,可以采用简化的设计标准[见 EN 1998-2 第 2.3.7(1)条]。

EN 1998-2 的主要内容包括基本要求和设计原则、地震作用、分析、强度验算、细部构造以及带隔震装置的桥梁六大部分。

1.3.2 中国标准

JTG /T B02-01—2008 和 JTG B02—2013 主要适用于单跨跨径不超过 150m 的钢筋混凝土和预应力混凝土梁桥、圬工或钢筋混凝土拱桥的抗震设计。斜拉桥、悬索桥、单跨跨径超过 150m 的特大跨径梁桥和拱桥,在专门研究的基础上,可参照 JTG/T B02-01—2008 给出的抗震设计原则进行设计。

1.4 中欧桥梁抗震标准基本定义和符号

1.4.1 欧洲标准

EN 1998-2 第 1.5.2 条规定,EN 1990:2002 第 1.5 节中的术语均适用于本标准,还专门定义了如下术语:能力设计、延性构件、延性结构、有限延性性能、主动连接、地震隔离、空间变异性(地震作用)、地震性能、抗震连接、最小搭接长度、设计地震位移和地震设计状况下的总设计位移,具体定义参见 EN 1998-2 第 1.5.3 条。

EN 1998-2 第 1.6.1 节规定:EN 1990:2002 第 1.6 节定义的符号适用于本标准,对于由材料决定的符号以及与地震关联不大的符号,参考其他相关欧洲标准。

1.4.2 中国标准

JTG/T B02-01—2008 第 2.1.1 ~ 2.1.23 条中定义了 23 个专用术语,包括抗震设防烈度、抗震设防标准、地震作用、E1 地震作用、E2 地震作用、地震效应、设计基本地震动加速度、特征周期、设定地震、非一致地震动输入、液化、侧向滑移、抗震概念设计、弹性抗震设计、延性抗震设计、延性构件、能力设计、能力保护构件、减隔震设计、抗震措施、抗震构造措施、常规桥梁和特殊桥梁等。

JTG/T B02-01—2008 第2.2.1～2.2.6条列出了标准中涉及的符号，分为六个类别，分别为作用和作用效应、计算系数、几何特征、材料指标、延性设计参数及其他参数。

1.5 本章小结

本章对中欧桥梁结构抗震设计标准的基本内容进行了概述，并简单对比了中欧标准桥梁抗震设防目标的差异。

第 2 章 基本要求与遵从准则

2.1 设计地震作用

2.1.1 抗震设防分类

EN 1998-2 根据重要性程度建议将桥梁抗震分为三个设防类别。

JTG/T B02-01—2008 从中国国情以及近十多年的桥梁发展特点出发，本着确保重点和节约投资的原则，根据重要性程度将桥梁抗震分为四个设防类别。

EN 1998-2 和 JTG/T B02-01—2008 中各桥梁抗震设防类别适用范围及抗震重要性系数列于表 2-1。

EN 1998-2 和 JTG/T B02-01—2008 中各桥梁抗震设防类别适用范围及抗震重要性系数 表 2-1

<table>
<tr><th colspan="3">EN 1998-2</th><th colspan="4">JTG/T B02-01—2008</th></tr>
<tr><th rowspan="2">桥梁抗震设防类别</th><th rowspan="2">适用范围</th><th rowspan="2">抗震重要性系数</th><th rowspan="2">桥梁抗震设防类别</th><th rowspan="2">适用范围</th><th colspan="2">抗震重要性系数</th></tr>
<tr><th>E1 地震作用</th><th>E2 地震作用</th></tr>
<tr><td rowspan="2">Ⅲ类</td><td rowspan="2">对于维持交通通行来说是非常重要的桥梁，尤其是抗震救灾的生命线工程；桥梁失效可能造成大量灾难性破坏的工程；设计使用期大于Ⅱ类的桥梁</td><td rowspan="2">1.3</td><td>A 类</td><td>单跨跨径超过 150m 的特大桥</td><td>1</td><td>1.7</td></tr>
<tr><td>B 类</td><td>单跨跨径不超过 150m 的高速公路、一级公路上的桥梁，单跨跨径不超过 150m 的二级公路上的特大桥、大桥</td><td>0.43(0.5)</td><td>1.3(1.7)</td></tr>
<tr><td>Ⅱ类</td><td>一般公路和铁路桥梁（Ⅰ类和Ⅲ类之外的桥梁）</td><td>1.0</td><td>C 类</td><td>二级公路上的中桥、小桥；单跨跨径不超过 150m 的三、四级公路上的特大桥、大桥</td><td>0.34</td><td>1.0</td></tr>
<tr><td>Ⅰ类</td><td>不是关键性交通通行的桥梁；采用重现期为 475 年的设计地震作用或 50 年的设计使用期被认为不是经济合理的</td><td>0.85</td><td>D 类</td><td>三、四级公路上的中桥、小桥</td><td>0.23</td><td>—</td></tr>
</table>

注：JTG/T B02-01—2008 确定抗震重要性系数时，对于高速公路和一级公路上的大桥，特大桥、其抗震重要性系数取括号内值。

从表 2-1 可以看出，EN 1998-2 和 JTG/T B02-01—2008 都是根据倒塌可能造成的经济损失及人员伤亡、地震后是否需要立即维持正常交通通行对桥梁进行抗震重要性类别进行的分类。EN 1998-2 的桥梁抗震设防分类过于定性化，工程人员难以判断桥梁抗震设防分类；JTG/T B02-01—2008 的桥梁抗震设防分类较 EN 1998-2 定量化一些，工程人员容易进行抗震设防分类。但是，EN 1998-2 和 JTG/T B02-01—2008 对于桥梁的抗震设防分类，总体来说过于概念化，没有考虑非结构性因素对抗震设防分类的影响，如桥梁支撑通信、水、电和天然气等管线通过，这些非结构性因素对震后救灾具有很大影响。因此，EN 1998-2 和 JTG/T B02-01—2008 抗震设防分类不利于基于性能的抗震设计思想和方法的发展与实施。

2.1.2　抗震设计思想

随着人类对地震以及结构地震反应的不断认识，结构的抗震设计思想也在不断发展和完善。结构的抗震设防标准从早期的单一设防发展到了现在普遍认同的多级抗震设防，“小震不坏，中震可修，大震不倒”的抗震设计思想在许多国家的抗震设计标准中已经得到了体现。但是，近几十年来发生的几次强烈地震，如 1989 年美国的 Loma Prieta 地震、1994 年美国的 Northridge 地震、1995 年的日本阪神地震、1999 年中国台湾地区的集集地震以及 2008 年中国四川省的汶川地震表明，尽管按照现行抗震设计标准设计的建筑在地震中能基本避免由于房屋倒塌所造成的人员伤亡，但难以有效控制结构在地震下的破坏程度以及由此带来的巨大经济损失。基于对该问题的深刻思考，各国地震工程学者均针对此开展了大量深入研究工作。

设计地震动是继抗震设计思想之后影响到桥梁抗震设计全局的另一个重要问题，地震作用强度是结构抗震设计中重要的地震动参数之一。结构抗震设计的基本思想和设计准则是标准制定的核心内容，它决定了抗震设计要达到的目标、采用的设计地震动水平和地震反应的计算方法，因此这里首先介绍 EN 1998-2 和 JTG/T B02-01—2008 的基本设计思想，见表 2-2。

桥梁抗震基本设计思想　　表 2-2

规范名称	设计思想和性能准则	设计方法
EN 1998-2	不倒塌(承载能力极限状态)：设计地震作用发生后，桥梁应保持其结构的完整性和适度的残余抗力，允许桥梁的部分构件发生重大破坏；易于破坏的构件的设计应使得由于它们的耗能作用保证结构地震后仍有紧急交通功能，并且易于检测与维修。允许在墩中指定的断面出现弯曲屈服，且在高地震活动性地区是必要的，以达到削减设计地震作用的目的，防止主梁或桥面板由于过大的位移而发生落梁。 损伤最小化(正常使用极限状态)：在桥梁的设计基准期内，当大概率的地震出现后，专门设计用来在设计地震下进行耗能的桥梁构件，构件只能发生极小的破坏，不导致交通功能的减小，不需要立即维修	单一水平设计，低水平地震作用下的结构性能是隐含实现的
JTG/T B02-01—2008	针对两个设防水平的地震参数来确定地震作用，对发生概率较大的低水准地震应用弹性设计方法验算结构的强度，保证结构有足够的承载能力。 而对发生概率较小的高水准地震应用弹塑性设计方法验算屈服后强度和变形，保证桥梁结构位移和变形小于规定的容许值	两水准设防，两阶段设计

由表 2-2 可知，当前主要地震国家桥梁抗震设计标准的基本思想和设计准则是设计地震作用基本上分为两个等级，都可归纳为满足功能需求的设计地震作用和满足结构安全的设计地震作用。虽然中欧标准使用的名词不同，但其思想基本是一致的，满足功能需求的设计地震具有较大的发生概率，满足结构安全的设计地震具有很小的发生概率。在满足功能需求的设计地震作用下，桥梁结构只允许发生十分轻微的破坏，不影响正常的交通，不经修复也可以继续使用。在满足结构安全的设计地震作用下，允许桥梁结构发生较大的破坏，但不允许发生整体破坏，如倒塌、落梁等，EN 1998-2 对此的规定较为清楚、具体，比较起来，JTG/T B02-01—2008 仍在使用烈度概念，相对较为笼统。

2.2 基本要求

EN 1998-2 为实现“不倒塌要求”给出了基于力和基于位移的两种验算方法，并据此进行结构设计。基于力的设计方法可以用于脆性结构和延性结构，根据“不倒塌要求”水平和设计反应谱（由弹性反应谱折减得到），采用线性方法分析结构的地震效应，与其他荷载效应组合后满足式(2-1)的抗力条件，同时结构和构件应满足一定的延性和整体性要求。

$$E_d \leqslant R_d \tag{2-1}$$

式中：E_d——抗震设计时作用效应设计值，其中地震作用效应依据不倒塌要求水平的设计地震由设计反应谱计算得到；

R_d——相应的构件设计抗力，按相应材料的规定（材料特征值 f_k 和分项安全系数 γ_M）和结构体系类型的力学模型进行计算。

基于位移的设计方法只适用于延性结构，根据“不倒塌要求”水平直接进行非线性分析（pushover 方法或时程方法），得到结构的非线性位移，并要求式(2-1)中 E_d 和 R_d 选用位移指标，且公式能够得到满足。

EN 1998-2 给出的基于位移的设计方法反映了基于性能的抗震设计方法的一些思想，目前进行结构设计主要还是采用基于力的设计方法。

EN 1998-2 是在“不倒塌要求”水平（相当于我国中震水平）下进行结构强度设计，由于“不倒塌要求”并不要求结构完全不破坏，因此可以让结构在此地震水平下进入塑性状态。考虑到非线性计算的复杂性，在确定地震作用时，EN 1998 将弹性反应谱乘以折减系数，并将折减后的反应谱定义为设计反应谱，最终根据设计反应谱进行线性计算。折减通过引入性能系数 q 实现，性能系数 q 是当结构反应为完全弹性、黏滞阻尼比为 5% 时，结构所遭受的地震力与设计中采用的按传统线性模型分析、能够保证结构性能要求的最小地震力之比的近似值。它和结构的延性、耗能、超强等因素有关。因为设计地震作用小于按弹性反应谱计算的地震作用，因此必须保证结构屈服后的延性。

JTG/T B02-01—2008 采用的抗震设防目标为：

(1) A 类桥梁的抗震设防目标是 E1 地震作用（重现期约为 475 年）下不应发生损伤，E2 地震作用（重现期约为 2000 年）下可发生有限损伤，但地震后应能立即保持正常交通通行。

(2) B、C 类桥梁的抗震设防目标是 E1 地震作用（重现期为 50 ~ 100 年）下不应发生损伤，E2 地震作用（重现期为 475 ~ 2000 年）下不致倒塌或发生严重结构损伤，经临时加固后可供保持应急交通使用。

(3) D 类桥梁的抗震设防目标是 E1 地震作用（重现期约为 25 年）下不应发生损伤。该细则实质上是 A、B、C 类桥梁采用两水平设防、两阶段设计；D 类桥梁采用一水平设防、一阶段设计。

从以上比较可以看出，EN 1998-2 和 JTG/T B02-01—2008 都采用两水平抗震设防目标。中国标准中的 B、C 类桥梁的抗震设防水平及目标与欧洲标准相近，A 类桥梁的抗震设防水平及目标高于欧洲标准，而 D 类桥梁的抗震设防水平及目标低于欧洲标准。

2.3 遵从准则

2.3.1 延性抗震设计

延性抗震设计允许结构构件发生塑性变形及一定损坏，但必须保证结构不倒塌，因此可以通过设计使结构具有适应大地震引起的弹塑性变形循环的滞回特性,地震引起的往复弹塑性变形不得超过结构的滞回延性,则结构在遭遇设计预期的大地震时,尽管可能损坏,但结构抗震设防的最低目标——免于倒塌破坏却始终能得到保证。这种思想即为延性抗震设计的基本思想。

在利用延性特性设计抗震结构时,首先必须确定延性的量化设计指标。延性的量化设计指标目前比较常用的有曲率延性系数和位移延性系数。这两种延性指标有各自的用途:一般曲率延性系数用于反映延性构件临界截面的相对延性,位移延性系数则通常用于反映延性构件局部以及延性结构整体的相对延性。EN 1998-2 第 2.3 节直接给出延性定义和位移控制的设计方法,目前标准常用的方法是等效线性动力分析法。

2.3.2 整体延性

位移延性系数定义为构件最大承载能力极限位移与屈服位移之比。由于在设计时通常关心的是最大位移延性系数,因此仅用位移延性系数指代最大位移延性系数。

其定义式为(参见 EN 1998-2 第 2.3.5.2 条):

$$\mu_d = \frac{d_u}{d_y} \tag{2-2}$$

式中:d_u——最大承载能力极限位移,质量中心的位移值;

d_y——屈服位移,质量中心的位移值。

极限位移 d_u 是指满足下列条件的最大位移,需要注意的是,如果钢筋混凝土结构承受往复荷载,确定 d_u 时,结构在极限变形下应能够持续至少 5 个完整的往复变形:①没有出现混凝土截面约束钢筋失效或者钢截面的局部失稳效应;②钢延性构件没有出现抗力下降或者混凝土延性构件(图 2-1、图 2-2)的极限抗力下降不超过 20%。

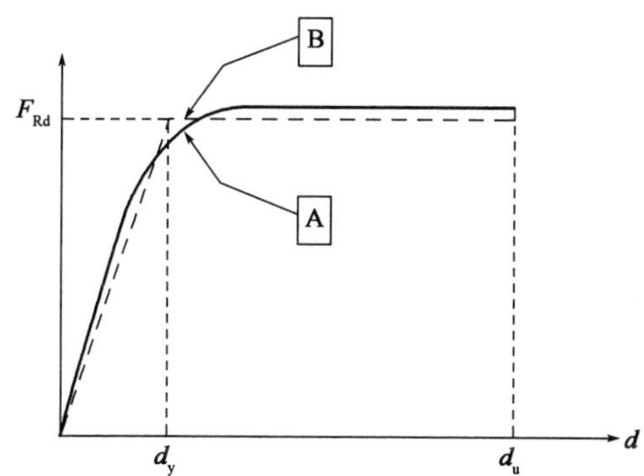

图 2-1 整体力-变形关系曲线(单调加载)
A-设计曲线;B-弹塑性曲线

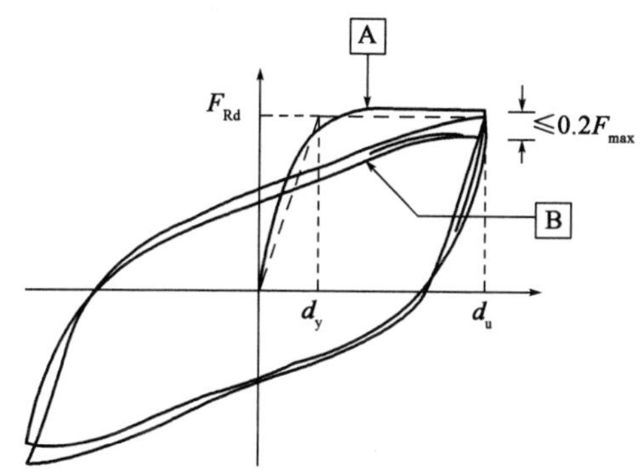

图 2-2 往复力-变形(钢筋混凝土)
A-单调加载;B-第 5 次循环

对于承载能力极限状态下的结构构件可以根据小震作用来设计,而中震和大震作用则依靠结构的延性来承受,因此不按设防烈度地震力进行结构承载力设计,而是将设防烈度地震力降低一个系数,这个系数便为地震力降低系数。这是对设防烈度地震作用的整体降低,实际上决定了结构的屈服水准和对结构延性需求的大小。

根据地震力降低系数,可将延性结构分为高延性等级结构、中等延性等级结构、低延性等级结构。地震力降低系数取值越大,则设计地震力取值越小,按此地震力降低系数设计出来的结构屈服水准就越低。这表示,在相同强度地震作用下,结构发生的非弹性变形越大,对延性的需求也越大,按此设计出来的结构便为高延性等级结构。反之,地震力降低系数取值越小,则设计地震力取值越大,按此地震力降低系数设计出来的结构屈服水准就越高。这表示,在相同强度地震作用下,结构发生的非弹性变形越小,对延性的需求也越小,按此设计出来的结构便为低延性等级结构。地震力降低系数取值若为中等,则设计地震力取值也为中等,按此地震力降低系

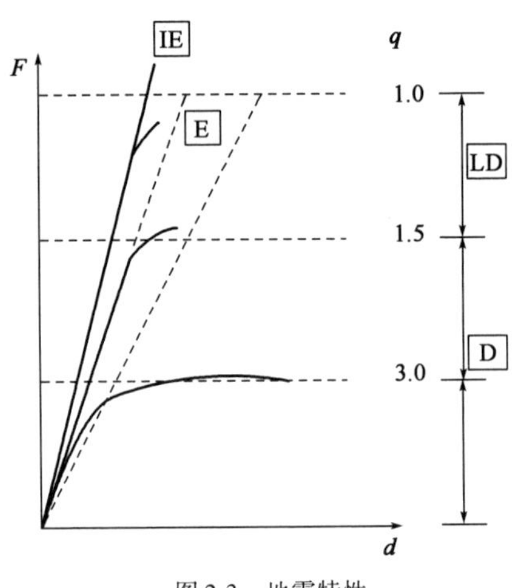

图 2-3 地震特性

q-性能系数；IE-理想弹性；E-基本弹性；LD-约束延性；D-延性

数设计出来的结构屈服水准也为中等。这表示，在相同强度地震作用下，结构发生的非弹性变形处于中等水平，即对延性的需求不会太大，按此设计出来的结构便为中等延性等级结构。上述思想也体现在欧洲标准中，EN 1998-1 根据结构性能系数 q 将结构分为有限延性、延性和弹性三种类型。

其中，性能系数 q 反映结构的延性，用来修改线性分析的结果，一般认为是合理的。桥梁结构的性能系数 q 是根据地震作用下的延性水平来确定的，如图 2-3（参见 EN 1998-2 图 2.1）所示。EN 1998-2 给出了桥梁结构属于延性、约束延性、基本弹性时构件的性能系数，如表 2-3 所示，需要指出的是表中性能系数 q 的取值只适用于轴压比 $\eta_k \leqslant 0.3$ 的情况，当 $0.3 < \eta_k \leqslant 0.6$ 时，q 应参照 EN 1998-2 第 4.1.6(5) 条的规定进行折减。

性能系数 q 的最大值 表 2-3

延性构件类型		抗震性能	
		约束延性	延性
钢筋混凝土桥墩	弯曲作用下的竖向桥墩	1.5	$3.5\lambda(\alpha_s^*)$
	弯曲作用下的斜撑	1.2	$2.1\lambda(\alpha_s)$
钢桥墩	弯曲作用下的竖向桥墩	1.5	3.5
	弯曲作用下的斜撑	1.2	2.0
	有中心支撑的桥墩	1.5	2.5
	有偏心支撑的桥墩	—	3.5
刚构桥台	常规	1.5	1.5
	锁定结构[EN 1998-2 第见 4.1.6(9)、(10)条]	1.0	1.0
拱圈(肋)		1.2	2.0

* $\alpha_s = L_s/h$ 是桥墩的剪跨比，其中，L_s 为塑性铰到零弯矩点的距离，h 为塑性铰弯曲方向上的横截面高度。

若 $\alpha_s \geqslant 3$，则 $\lambda(\alpha_s) = 1.0$；

若 $3 > \alpha_s > 1.0$，则 $\lambda(\alpha_s) = \sqrt{\frac{\alpha_s}{3}}$

位移延性系数定义如下：

$$\mu_d = \begin{cases} q & T_1 \geqslant T_c \\ 1 + (q-1)\dfrac{T_c}{T_1} & T_1 < T_c \end{cases} \tag{2-3}$$

式中：T_1——建筑的基本周期；

T_c——根据 EN 1998-1 第 3.2.2.2 条给出的反应谱的恒定加速度区域上限处的周期；

q——考虑耗散能力的性能系数，可根据 EN 1998-1 第 5.2.2.2 条的规定确定。

2.3.3 局部延性

结构的整体延性取决于塑性铰处的可用局部延性。钢筋混凝土延性构件的非弹性变形，一般是指塑性铰区截面的塑性转动，而这种塑性铰区截面的塑性转动能力大小可以由截面的曲率延性系数来反映。曲面延性系数定义为截面屈服后的曲率与屈服曲率之比。而一般情况下，为了使设计结构偏于保守，均采用最大曲率延性系数进行设计。

最大曲率延性系数的定义为(参见 EN 1998-2 第 2.3.5.3 条):

$$\mu_{\Phi}=\frac{\Phi_u}{\Phi_y} \quad (2\text{-}4)$$

式中:μ_{Φ}——最大曲率延性系数;

Φ_u——塑性铰区截面的极限曲率;

Φ_y——塑性铰区截面的屈服曲率。

钢筋混凝土构件塑性铰区截面的屈服曲率有以下两种定义方式:

(1)塑性铰区截面的最外层的受拉钢筋初始屈服时的曲率。

(2)截面混凝土受压区最外层纤维初次达到应变峰值时的曲率。

钢筋混凝土构件若先是钢筋受拉屈服,则采用第(1)种定义;若先是受压侧混凝土达到受压极限强度,则采用第(2)种定义。即第(1)种定义方式一般用于弯曲塑性铰的适筋混凝土构件,即形成"受拉铰",如钢筋混凝土延性桥墩的屈服曲率一般运用此定义;对于第(2)种定义,一般用于会出现"受压铰"的超筋构件或高轴压比构件。

一旦满足以下四个条件之一,钢筋混凝土延性构件便可认为已达到极限曲率状态:

(1)核心混凝土达到极限压应变值。

(2)临界截面抗弯能力下降到最大弯矩值的 85%。

(3)受拉的纵向钢筋应变达到极限拉应变值。

(4)受压的纵向钢筋应变达到屈曲应变值。

临界截面的极限状态一般由前两个条件控制,因为第三个条件一般不会满足,只有在少筋构件的情况下才有可能满足;由于当横向约束箍筋间距较小时,第四个条件也不起控制作用,因此一般认为由前两个条件控制。

2.3.4 中国标准

中国抗震设计标准中将地震分为小震、中震和大震。小震是指多遇地震,50 年发生的概率大约为 63%,重现期为 50 年。中震是指设防裂度地震,50 年出现的概率约为 10%,重现期为 475 年。而大震是指罕遇地震,50 年出现的概率为 2% ~3%,重现期为 1641 ~2475 年。对于偶然性和随机性很大的地震荷载,要想使结构强度 100% 大于结构反应,几乎是不可能的,而且是十分不经济的。受社会经济发展制约,只能从概率的角度出发,使结构在一定的概率保证下能安全正常地发挥作用,这就决定了抗震设计的基本原则,即常说的"小震不坏,中震可修,大震不倒"。

"小震不坏"是指结构在小震作用下,仍保持弹性反应状态,结构无损伤或轻微损伤,不经过修补,仍能满足预定功能;"中震可修"是指结构或构件遭遇中震作用时,可以有一定程度的损坏,经修复或不经修复仍可继续使用;"大震不倒"是指在罕遇地震发生时不应产生倒塌或危及生命的严重破坏。按照上述原则设防的要求为:在小震来临时,所有构件在抵抗地震力时,仍然具有足够的强度,并通过足够的弹性位移使其不破坏,不会产生明显的非弹性变形,不必采用特殊的构造措施。在中震作用下,结构的某些关键部位的材料发生非弹性变形,此时其强度没有明显下降,并且由于材料具有滞回特性,不断吸收和消耗能量,进而减小了地震对结构的危害。虽然在发生非弹性变形时,结构可能会开裂或者脱壳等,但由于结构的关键构件是经过延性设计的,其强度还没有明显下降,虽有一些残余变形,但还处于可修的状态并且不会危害到人的生命安全。在大震作用下,结构的非弹性变形过大,超过了一定界限,变得不可修复,此时要通过计算结构的弹塑性变形来开展修复,使其不至于倒塌。

JTG/T B02-01—2008 仅通过主要反映延性因素的抗震重要性系数来体现,没有考虑轴力的影响和箍筋的约束作用,因此只是在构造措施上给出规定。第 8.1 ~8.2 节给出了墩柱的构造措施,其中第 8.1.2 条规定,对于抗震设防烈度为 7 度、8 度的地区,圆形、矩形墩柱潜在塑性铰区域内加密箍筋的最小体积配箍率 $\rho_{s,min}$ 按以下各式计算。对于抗震设防烈度为 9 度及 9 度以上的地区,圆形、矩形墩柱潜在塑性铰区域内加密箍筋的最小体积配箍率 $\rho_{s,min}$ 应比抗震设防烈度为 7 度、8 度的地区适当增加,以提高其延性能力。

圆形截面:

$$\rho_{s,min}=[0.14\eta_k+5.84(\eta_k-0.1)(\rho_t-0.01)+0.028]\frac{f'_c}{f_{yh}}\geqslant 0.004 \tag{2-5}$$

矩形截面:

$$\rho_{s,min}=[0.1\eta_k+4.17(\eta_k-0.1)(\rho_t-0.01)+0.02]\frac{f'_c}{f_{yh}}\geqslant 0.004 \tag{2-6}$$

式中:η_k——轴压比,指结构的最不利组合轴向压力与柱的全截面面积和混凝土轴心抗压强度设计值乘积的比值;

ρ_t——纵向配筋率;

f'_c——混凝土抗压强度标准值(MPa);

f_{yh}——箍筋抗拉强度设计值(MPa)。

2.4 概念设计

EN 1998-2 第 2.4 条规定了一些与概念设计相关的规定,如第 2.4(1)条规定小震作用下在概念设计阶段也要考虑地震的影响;第 2.4(2)条规定小震作用下应确定桥梁预期要达到的抗震性能;第 2.4(3)条规定中震和强震作用下要进行延性性能的选择,并确定如何实现;等等。

JTG/T B02-01—2008 第 1.0.4 条规定,抗震设防烈度为 6 度及 6 度以上地区的公路桥梁,必须进行抗震设计;第 5.1.1 条规定了各类桥梁结构地震作用的考虑原则,较为分散,并未集中提出。

2.5 本章小结

本章主要将欧洲标准中的设计地震作用、基本要求、遵从的准则及设计方法和 JTG/T B02-01—2008 进行了对比分析。可以看出, EN 1998-2 根据重要性程度建议将桥梁分为四个设防类别,虽然 JTG/T B02-01—2008 根据重要性程度也将桥梁分为四个设防类别,但欧洲标准对抗震设防的规定更清晰、具体, JTG/T B02-01—2008 仍在使用烈度概念,相对较为笼统。EN 1998-2 和 JTG/T B02-01—2008 都采用两水准抗震设防目标,但是 EN 1998-2 的要求相对严格。EN 1998-2 和 JTG/T B02-01—2008 均采用延性设计的思想,但是 EN 1998-2 对延性的规定较为具体, JTG/T B02-01—2008 仅通过反映延性因素的抗震重要性系数来体现。

第3章 地震作用

3.1 地震作用的定义

3.1.1 欧洲标准

EN 1998-2 第3.1条指出:地震作用计算模型的复杂性应符合相关地震动和结构的重要性,并符合桥梁分析中使用的混合模型。

EN 1998-2 中对地震作用的量化只考虑振动由地面传递至结构。对于地震导致地面破坏或开裂引起的桥梁严重破坏,应通过特别研究来评估。

EN 1998-1 是 EN 1998 的第1部分,主要内容为结构抗震设计的基本原则、地震作用和建筑结构的抗震设计原则;EN 1998-2 是 EN 1998 的第2部分,主要内容为桥梁抗震设计。EN 1998-1 给出了 EN 1998-2 地震作用的弹性反应谱 $S_e(T)$。地震作用也分为两个水平分量和一个竖向分量,其中假设两个水平分量相互独立,且由同一反应谱表示;对这三个分量可采用一个或多个反应谱,具体可见 EN 1998-1 第3.2.3条。

3.1.2 中国标准

JTG/T B02-01—2008 第5.1.1条规定,考虑各类桥梁结构的地震作用时,在一般情况下,公路桥梁可只考虑水平向地震作用,直线桥梁可分别考虑顺桥向 X 和横桥向 Y 的地震作用。而在抗震设防烈度为8度和9度的拱式结构、长悬臂桥梁结构和大跨度结构以及竖向作用引起的地震效应很重要时,应同时考虑顺桥向 X、横桥向 Y 和竖向 Z 的地震作用。

地震分量需组合,在采用反应谱法或功率谱法同时考虑三个正交方向(水平向 X、Y 和竖向 Z)的地震作用时,可分别单独计算 X 向地震作用产生的最大效应 E_x、Y 向地震作用产生的最大效应 E_y 与 Z 向地震作用产生的最大效应 E_z。总的设计最大地震作用效应 E 按式(3-1)求取:

$$E = \sqrt{E_x^2 + E_y^2 + E_z^2} \tag{3-1}$$

3.2 分量的量化

实际上,目前各国桥梁抗震设计标准均考虑了场地条件对设计地震动参数的影响。具体做法是根据一定规则对场地进行分类,然后分别给出各类场地的地震设计反应谱。地震作用的取值是抗震设计的基础,各国的抗震设计标准关于地震作用的描述一般均采用设计反应谱的形式,它的确定与抗震设防水准、设防目标有关。而结构地震效应的计算和最终的构件截面设计,除了与地震作用的取值有关之外,还与地震区划、荷载组合、材料强度取值、抗力的计算等有关。各国的抗震设计标准依据本国的结构类型、技术发展水平和经济实力,同时沿袭传统习惯来制定相应的条文。因此,简单地从某一点出发来对地震作用大小进行比较、判断其安全与否是不合适的。因而,本书只对地震作用做定性的比较。

3.2.1 欧洲标准

EN 1998-1 以加速度的形式给出弹性反应谱,并假定不同水准的地震弹性反应谱形状相同。考虑到结构非弹性变形对结构抗震的有利作用,EN 1998-1 以弹性反应谱为基础,引入性能系数 q,将弹性反应谱折减后得到用于计算地震作用的设计反应谱 $S_d(T)$。性能系数 q 是反映结构延性的参数,延性越大的结构,其性能系数 q 值也越大。设计反应谱 $S_d(T)$ 见 EN 1998-1 第 3.3.3 条。

EN 1998-2 对不同类型的结构采用不同的值,在相同条件下,对不同类型的结构采用不同的地震作用进行设计。也就是说,在设计地震力-延性联合准则的基础上,延性较好的结构可以取用较小的地震作用进行强度设计,地震作用下较早进入塑性状态,依靠延性和耗能来保证结构屈服后的承载力;延性较差的结构取用较大的地震作用进行强度设计,地震作用下较晚进入塑性状态,对延性依赖较小;对延性依赖较小的脆性结构,其地震作用不折减,按弹性反应谱进行强度设计,地震作用下结构保持弹性,完全依靠强度抵御地震作用。

3.2.2 中国标准

JTG/T B02-01—2008 和 JTG B02—2013 中桥梁抗震设防性能目标是采用两阶段设计:第 1 阶段的抗震设计采用弹性抗震设计,即在设防烈度水准(中震)上进行结构强度设计,通过抗震重要性系数 C_i 将地震作用折减;第 2 阶段的抗震设计采用延性抗震设计方法,并引入能力保护设计原则。

JTG/T B02-01—2008 实际采用的是考虑结构非弹性变形能力特性折减后的地震作用来进行结构抗震承载力计算,而结构的非弹性变形能力则通过延性抗震设计和能力保护设计原则来保证。按抗震重要性系数 C_i 来调整折减后地震作用的大小(E1 地震作用),在抗震重要性系数 C_i 中隐含了地震力降低系数 R。对于同一重要性设防类别的桥梁结构,可能采用不同结构类型和材料,其抗震性能和塑性变形能力存在很大差异,而 JTG/T B02-01—2008 采用同一抗震重要性系数 C_i,即所有结构类型和材料的地震力降低系数取相同的值。因此,按 JTG/T B02-01—2008 进行桥梁结构设计时,所有结构将在同一地震水准下进入塑性,对于延性较好的结构,进入塑性后仍可以依靠延性耗能继续抵抗增大的地震作用;对于延性较差的结构,进入塑性后将很快破坏。也就是说,对于延性较好的结构,设计可能过于保守;对于延性较差的结构,设计可能偏于不安全。

EN 1998-2 通过灵活调整性能系数 q 和保证相应延性要求使不同类型结构都达到相同的可靠度。

中国的地震作用可以用设计加速度反应谱、设计地震动时程和设计地震动功率谱表征。

3.2.2.1 设计加速度反应谱

JTG/T B02-01—2008 中,设计加速度反应谱也分为水平设计加速度反应谱和竖向设计加速度反应谱。其中, JTG/T B02-01—2008 第 5.2.1 条规定,阻尼比为 0.05 时的设计加速度反应谱曲线(图 3-1)由式(3-2)确定:

$$S=\begin{cases}S_{max}(5.5T+0.45) & T<0.1s\\ S_{max} & 0.1s\leqslant T\leqslant T_g\\ S_{max}(T_g/T) & T>T_g\end{cases}\tag{3-2}$$

式中：T_g——特征周期；

T——结构自振周期；

S_{max}——水平设计加速度反应谱最大值。

水平设计加速度反应谱最大值 S_{max} 由式(3-3)确定：

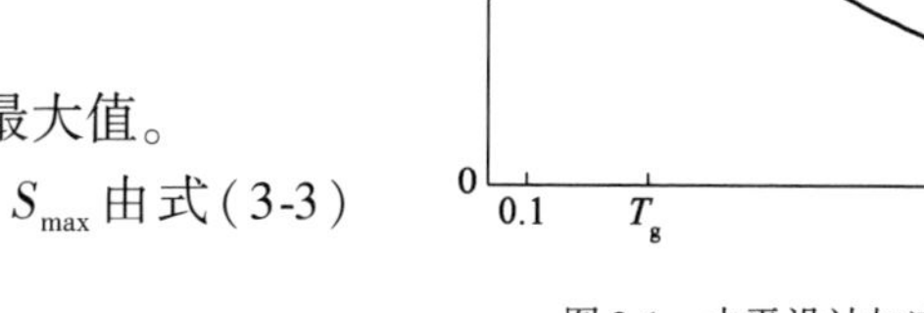

图3-1 水平设计加速度反应谱

$$S_{max}=2.25\cdot C_i\cdot C_s\cdot C_d\cdot A_h\tag{3-3}$$

式中：C_i——抗震重要性系数；

C_s——场地系数，见表3-1；

C_d——阻尼调整系数，除有专门规定外，结构的阻尼比 ξ 应取0.05，式(3-3)中阻尼调整系数 C_d 取1.0；当结构的阻尼比按有关规定取值不等于0.05时，阻尼调整系数 C_d 应按式(3-4)取值：

$$C_d=1+\frac{0.05-\xi}{0.06+1.7\xi}\geqslant 0.55\tag{3-4}$$

A_h——水平向设计基本地震动加速度峰值。

场地系数 C_s 表3-1

抗震设防烈度 场地类型	6	7		8		9
	0.05g	0.1g	0.15g	0.2g	0.3g	≥0.4g
Ⅰ	1.2	1.0	0.9	0.9	0.9	0.9
Ⅱ	1.0	1.0	1.0	1.0	1.0	1.0
Ⅲ	1.1	1.3	1.2	1.2	1.0	1.0
Ⅳ	1.2	1.4	1.3	1.3	1.0	0.9

竖向设计加速度反应谱由水平向设计加速度反应谱乘以式(3-5)给出的竖向/水平向谱比函数 R 来确定。

基岩场地：

$$R=0.65\tag{3-5}$$

土层场地：

$$R=\begin{cases}1.0 & T<0.1s\\ 1.0-2.5(T-0.1) & 0.1s\leqslant T<0.3s\\ 0.5 & T\geqslant 0.3s\end{cases}\tag{3-6}$$

式中：T——结构自振周期(s)。

特别要指出的是，JTG/T B02-01—2008 和 JTG B02—2013 均在原标准基础上，在原有基于反应谱法的振型组合方法的基础上，提出了 SRSS 振型组合方法和 CQC 法。

1)SRSS 振型组合方法

进行反应谱振型分解法计算时，地震作用效应(内力、位移)可按 SRSS 振型组合方法得到，即按式(3-7)确定：

$$F=\sqrt{\sum S_i^2}\tag{3-7}$$

式中：F——结构的地震作用效应；

S_i——结构第 i 阶振型的地震作用效应。

该法对于频率分离较好的平面结构具有很好的精度，但是对于频率密集的空间结构，时常过高或过低地估计结构反应。

2）CQC 法

当结构相邻两阶振型的自振周期 T_i 和 T_j（$T_i \leqslant T_j$）接近时，即 T_i 和 T_j 满足式（3-8）时，应采用 CQC 法进行地震作用效应计算：

$$\rho_{\mathrm{T}}=\frac{T_i}{T_j} \geqslant \frac{0.1}{0.1+\xi} \tag{3-8}$$

式中：ξ——结构阻尼比；

ρ_{T}——周期比。

$$F=\sqrt{\sum\sum S_i r_{ij} S_j} \quad (i、j=1,2,\cdots,n) \tag{3-9}$$

式中：r_{ij}——相关系数，按照式（3-10）确定。

$$r_{ij}=\frac{8\xi^2(1+\rho_{\mathrm{T}})\rho_{\mathrm{T}}^{3/2}}{(1+\rho_{\mathrm{T}}^2)^2+4\xi^2\rho_{\mathrm{T}}(1+\rho_{\mathrm{T}})^2} \tag{3-10}$$

3.2.2.2 设计地震动时程

随着我们对地震机理认识的加深和对抗震理论研究的积累以及相关条件的成熟，JTG/T B02-01—2008引入动力时程分析方法，而且对分析模型的建立也给出了一些必要规定。JTG/T B02-01—2008 的计算方法包括反应谱法、时程计算方法、静力法和非线性时程法。对于反应谱法还给出了标准反应谱曲线，并且给出了阻尼比不同时的修正系数。不同的设计反应谱必然导致不同的计算结果。

已做地震安全性评价的桥址，设计地震动时程应根据专门的工程场地地震安全性评价的结果确定。

未做地震安全性评价的桥址，可根据 JTG/T B02-01—2008 中的设计加速度反应谱，合成与其兼容的设计加速度时程；也可选用与设计地震震级、距离大致相近的实际地震动加速度记录，通过时域方法调整，使其反应谱与 JTG/T B02-01—2008 中的设计加速度反应谱兼容。

为考虑地震动的随机性，设计加速度时程不得少于 3 组，且应保证任意 2 组间同方向时程由式（3-11）定义的相关系数 ρ 的绝对值小于 0.1。

$$|\rho|=\left|\frac{\sum\limits_j a_{1j}\cdot a_{2j}}{\sqrt{\sum\limits_j a_{1j}^2}\cdot\sqrt{\sum\limits_j a_{2j}^2}}\right| \tag{3-11}$$

3.2.2.3 设计地震动功率谱

已做地震安全性评价的桥址，设计地震动功率谱要根据专门的工程场地地震安全性评价的结果确定。

未做地震安全性评价的桥址，可根据设计地震震级、距离，选用适当的衰减关系推算；或根据设计加速度反应谱按式（3-12）估算（单边功率谱）：

$$S_{\mathrm{a}}(\overline{\omega})=\frac{T\xi}{\pi^2}\cdot\frac{S^2}{\ln\left[\left(-\frac{T}{2t_{\mathrm{d}}}\ln p\right)^{-1}\right]} \tag{3-12}$$

式中：S——设计加速度反应谱值；

p——不超越概率，取 0.5；

t_{d}——地震持续时间（s）；

ξ——阻尼比；

T——周期（s），$T=2\pi/\overline{\omega}$；

$\overline{\omega}$——圆频率（rad/s）。

3.2.3 反应谱对比分析

反应谱法是根据结构弹性反应分析结果建立的,反映了震源特性、场地类别,各国家标准以不同的方式考虑了桥梁结构弹塑性和结构抗震设防类别的影响。从形状上看,不同国家标准采用的反应谱是类似的,但实质上有着很大不同。

EN 1998-1 是用四段曲线表示的,这四段曲线分别表示了加速度的增大段、常数反应加速度段、常数反应速度段和常数反应位移段,这与结构短周期、中周期和长周期反应分别受加速度、速度和位移控制的特点是相适应的,反映了结构不同周期时的峰值反应。EN 1998 除给出了弹性反应谱外,还给出了采用性能系数 q(反映了结构的延性)将弹性反应谱折减后得到的设计反应谱。

JTG/T B02-01—2008 是用三段曲线表示的,与欧洲标准相比略微简单。

在中国标准中,反应谱水平段的起始周期取值为定值 0.1s,终止周期 T_g 根据设计地震分组(考虑到近、远震及震源机制)与场地类别确定。而欧洲标准中反应谱水平段起始周期 T_B 和终止周期 T_C 是在考虑了近、远震影响的基础上根据场地土类别进行确定的。

3.2.4 近场效应

当靠近震源时(小于 10~15km),地震地面运动通常含有一个中到长周期的地震分量。研究表明,这种中到长周期的地震分量表现出极强的方向性,垂直分量大于水平分量。

当桥位在发震断裂附近,竖向地震作用可能较大,或结构对竖向地震作用很敏感时,必须考虑竖向地震作用。近场地震的危险性已在世界范围内得到公认,因此各国标准都有相应的规定。EN 1998-2:2005 规定,当场地距已知活动断层在 10km 的范围内时,应采用考虑近场效应的特定场地反应谱进行设计。

JTG/T B02-01—2008 第 5.1.3 条第 2 款规定,桥址距有发生 6.5 级以上地震潜在危险的地震活断层 30km 以内时,A 类桥梁工程场地地震安全性评价应符合以下规定:考虑近断裂效应要包括上盘效应、破裂的方向性效应;注意设计加速度反应谱长周期段的可靠性;给出顺断层方向和垂直断层方向的地震动两个水平分量。B 类桥梁工程场地地震安全性评价中,要选定适当的设定地震,考虑近断裂效应。

综上所述,尽管欧洲标准和中国标准针对靠近活动断裂带附近的桥梁均给出了专门的抗震设计要求,但是都不太便于设计人员操作。

3.3 地震作用的空间变异性

地震动以波的形式向四周传播,在传播过程中,不仅有时间上的变化特性,而且存在着明显的空间变化特性,地震动的这种空间变化特性主要表现为以下三个方面:

(1)部分相干效应,由地震波在地层的不同介质中的折射、反射和散射以及由一个延伸的震源到达时不同的叠加所产生。

(2)行波效应,由在不同场地处地震波到达时间的差异所产生。

(3)局部场地效应, 由不同场地处局部土体条件的差异所产生。

因此,对于跨度比较小的桥梁结构,忽略地震波的空间变化特性能够满足其抗震设计要求,但对于大跨度桥梁结构受地震动空间变化特性的影响,不同支撑处地震波的振幅和频率是不同的,因此大跨度桥梁合理的地震波输入方法应考虑地震动场地的振动相关性(多点激励方式),同时进行地震反应分析时应考虑由于地震波传播特性使得其到达各桥墩基础有一定的时间差(行波效应)。

3.3.1 欧洲标准

EN 1998-2 第 3.3 条对地震作用的空间变异性进行了规定。

第(1)款规定了两种情况必须考虑其空间效应:第一种情况是对应桥面支撑处沿桥墩或桥台处土的性质变化超过 1 种类型(参见 EN 1998-1:2004 第 3.1.1 条);第二种情况是虽然沿桥梁的场地土质分布均匀,但是连续桥面的长度超过了 L_{lim}。每一国家使用的 L_{lim} 值参见该国的国家附件,推荐值为 $L_{lim} = L_g/1.5$,L_g 的取值见表 3-2(参见 EN 1998-2 的表 3.1N)。

场地运动被视为不相关时的距离　　表 3-2

场地类型	A	B	C	D	E
L_g(m)	600	500	400	300	500

第(2)款指出:由于地震波的传播特性以及不同位置处由于场地土的不均匀性造成的地震动相关性递减损失,即使采用简化方法,也应考虑采用空间变形模型。具体的空间变形模型和相应的分析方法参见 EN 1998-2 资料性附录 D。

第(3)款规定如果不需要进行更加精确的计算,可以使用简化的方法。

第(4)~(7)款对考虑空间变异性的简化方法进行了介绍,详见 EN 1998-2 第 3.3 条。

3.3.2 中国标准

JTG/T B02-01—2008 第 5.1.3 条第 1 款规定,当桥址存在地质不连续或地形特征可能造成各桥墩的地震动参数显著不同,以及桥梁一联总长超过 600m 时,宜考虑地震动的空间变化,包括波传播效应、失相干效应和不同塔墩基础的场地差异。对反应谱法或功率谱法应取场地包络反应谱或包络功率谱。

当考虑地震动空间变化影响时,对于给定的结构自振周期 T,各桥台和桥墩的反应谱或功率谱值可能不同。此时,当采用反应谱法分析时,考虑到多点非一致激励方式的复杂性和难度,可近似采用等效一致激励方式处理,但反应谱每一点的值应取各桥台和桥墩的反应谱值的最大值,这样得到的反应谱即为包络反应谱,计算结果才能保证偏于安全。当采用功率谱分析时,可直接采用多点非一致激励方式进行分析。

3.4 计算实例

为了对 EN 1998-2 和 JTG/T B02-01—2008 的反应谱进行直观比较,以设计基本加速度峰值 0.2g(对应中国设防烈度 8 度)、Ⅱ类场地(对应欧洲场地划分的 B、C 类,在这里取 B 类)、抗震重要性系数取 1.0(EN 1998-2 按Ⅱ类桥梁考虑,JTG/T B02-01—2008 按 C 类桥梁考虑)、阻尼比 0.005为例,绘制 4 条反应谱,如图 3-2 所示。其中,EC01 和 EC02 分别对应 EN 1998-1 中 B 类场地的类型 1 和类型 2 弹性反应谱;CC1 和 CC2 分别对应 JTG/T B02-01—2008 中 E2 地震作用下第 1 组和第 3 组地震分组的Ⅱ类场地反应谱。图 3-2 仅是反应谱本身的比较,并不直接反映地震作用的大小。

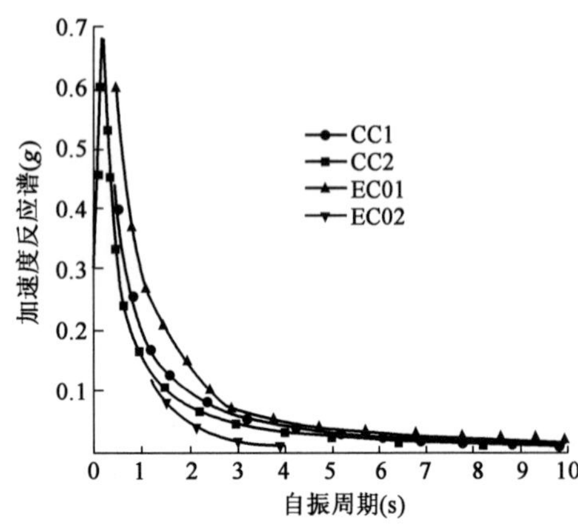

图 3-2　相同地面加速度峰值下 EN 1998-2 和 JTG/T B02-01—2008 反应谱的比较

由图 3-2 可以看出,就弹性反应谱而言:

(1)EN 1998-2 与 JTG/T B02-01—2008 反应谱具有相似的形状,都有上升段、水平段和下降段。

(2)EN 1998-2 反应谱周期到 4s 截止, JTG/T

B02-01—2008 反应谱到 10s 截止。

(3)相同条件下, EN 1998-2 反应谱水平段高度大于 JTG/T B02-01—2008 反应谱水平段高度,E01 和 EC02 反应谱分别是 CC1 和 CC2 反应谱的 1.33 倍和 1.5 倍。

(4)相同条件下,反应谱水平段宽度 EC01 和 CC2 相同且最大,CC1 居中,EC02 最短。

(5)相同条件下,对于 CC1,在周期 11.5s 以内,EC01 反应谱比其取值大,周期 11.5s 以后,两者大致相同;对于 CC2,在周期 3s 以内,EC01 反应谱比其取值大,周期 3s 以后则相反。

(6)相同条件下,在周期 0.38s 以内,EC02 反应谱比 CC1 和 CC2 反应谱取值大。对于 CC1,周期为 0.38 ~ 1.25s 时,两者大致相同;1.25s 以后,EC02 反应谱比 CC1 反应谱取值小;对于 CC2,周期 0.38s 以后,EC02 反应谱比 CC2 反应谱取值小。

3.5 本章小结

本章主要对中欧桥梁结构抗震中的地震作用确定方法进行了比较,中欧标准均考虑了地震作用的空间效应;其次对地震分量的量化进行了介绍,欧洲标准是用四段曲线表示的,这四段曲线分别表示了加速度的增大段、常数反应加速度段、常数反应速度段和常数反应位移段,而 JTG /T B02-01—2008是用三段曲线表示的,与欧洲标准相比略微简单。此外,本章专门阐述了近场效应,最后对地震作用的空间变异情况进行了比较分析。

第4章 结构分析

4.1 建模

4.1.1 动力自由度

EN 1998-2 第4.1.1条规定：桥梁模型和动力自由度应能反映桥梁的质量和刚度分析状态，且在分析中纵横向的桥梁模型可以单独建立，而对于需要考虑竖向地震作用的情况可参见EN 1998-2第4.1.7条中的定义。

JTG/T B02-01—2008 规定：一般情况下，可建立纵桥向和横桥向两个模型。在弹性抗震阶段，模型应能反映在弹性范围内的性能；在延性抗震设计阶段，模型应能反映结构的非线性性能。结构形式比较简单时可按单自由度体系建立模型，结构形式若比较复杂则必须建立多自由度体系模型。

在地震作用下，一般情况下应首先建立桥梁结构的空间动力计算模型，模型应反映实际桥梁结构的动力特性。桥梁结构的动力计算模型中，梁体和桥墩可采用空间杆系单元模拟，单元质量可采用集中质量代表；墩柱和梁体的划分应反映结构的实际动力性能；支座单元应反映支座的力学性能；混凝土的阻尼比可取为0.05，进行时程分析时，可采用瑞利阻尼；计算模型应考虑结构和边界条件的影响。在地震作用下，宜采用总体空间模型计算桥梁的反应，可采用局部空间模型计算。

进行直线桥梁地震反应分析时，可分别考虑沿顺桥向和横桥向两个水平方向输入；进行曲线桥梁地震反应分析时，可分别沿相邻两桥墩连线方向和垂直于桥墩连线方向进行多方向地震输入，以确定最不利地震水平输入方向。

4.1.2 结构阻尼和构件刚度

阻尼比是影响反应谱值的一个重要参数。当结构阻尼比较小时，其变化会显著地改变反应谱值，从而影响结构所受地震力的大小。一般标准设计反应谱均以一个标准阻尼比值为基准，当结构主要振型的阻尼比偏离此标准值较多时，需要对设计反应谱进行修正。EN 1998-2 和JTG/T B02-01—2008 均对设计谱进行了阻尼比修正。

EN 1998-2 第4.1.3条对不同材料的阻尼比进行了规定，当采用反应谱分析时，地震响应中耗散大部分变形能量的构件，根据其材料特性可假定其等效黏滞阻尼比如下。通常，这种情况主要发生在桥墩上。

焊接钢:0.02;

拴接钢:0.04;

钢筋混凝土:0.05;

预应力混凝土:0.02。

在本条的注释中,规定当结构包括几种具有不同的黏滞阻尼系数 ξ_i 的不同构件 i 时,结构的有效黏滞阻尼系数 ξ_{eff} 计算式为:

$$\xi_{\mathrm{eff}}=\frac{\sum\xi_i E_{\mathrm{d}i}}{\sum E_{\mathrm{d}i}} \tag{4-1}$$

式中:$E_{\mathrm{d}i}$——地震作用下构件 i 产生的变形能量,可在 $E_{\mathrm{d}i}$ 的基础上分别估计每个特征模态的有效阻尼比。

JTG/T B02-01—2008 第5.2.4条对阻尼比调整系数进行了规定。

实际上,标准反应谱是否需要进行阻尼调整与以下三方面因素有关:

(1)所适用的结构。一般说来,由不同材料建造的结构,如钢结构、混凝土结构,阻尼特性相差很大,若标准适用的范围广,则必须进行阻尼调整。

(2)控制结构反应的振型数。结构计算依赖于阻尼的假定,阻尼假定导致不同振型有不同的阻尼比。若结构的反应由多个振型控制,则可能要求对阻尼比进行修正。

(3)特殊的阻尼构件。结构减隔震设计方法已经或即将写入各国的桥梁抗震设计标准中。减、隔震构件的阻尼特性显著不同于结构的材料阻尼特性,原因如下:第一,减、隔震装置产生的阻尼是集中阻尼,而材料阻尼是分布阻尼。第二,减、隔震装置的阻尼比通常远高于材料的阻尼比。这种情况下显然要对反应谱值进行合理的修正,但如何修正尚待研究。

4.1.3 土体模拟

建立桥梁抗震分析模型时应考虑桩与土的共同作用,桩与土的共同作用可用等代土弹簧模拟,等代土弹簧的刚度可采用表征土介质弹性值的参数 m 来计算。当墩柱的计算长度与矩形截面短边尺寸之比大于8时,或墩柱的计算长度与圆形截面直径之比大于6时,应考虑 $P\text{-}\Delta$ 效应。

欧洲标准对于整体系统的地震分析,通常假设将地震作用从土体传到桥面的支撑结构相对于地基土是固定的。根据EN 1998-5的相关规定,可以使用适当的阻尼或土体弹力来考虑土与结构的相互作用效应。在墩帽给定方向上的单位水平荷载作用下,如果土体挠度对墩帽总位移的影响程度超过20%,则一定要考虑桥墩中的土与结构的相互作用效应。应根据EN 1998-5第5.4.2条的规定来确定土与结构相互作用在桩或竖井(沉井)的效应,同时考虑桩基础的相关规定。如果很难可靠估算出土体的力学性能,则应使用估计出的可能最大值和最小值进行分析。计算桥梁内力时选用较大的土体刚度值,计算桥梁位移时选用较小的土体刚度值。

JTG/T B02-01—2008 第6.3.8条规定,建立桥梁抗震分析模型应考虑桩与土的共同作用,桩与土的共同作用可用等代土弹簧模拟,等代土弹簧的刚度可采用表征土介质弹性值的 m 值来计算。桥梁的下部结构处理通常为桥墩支承在刚性承台上,承台下采用群桩布置。因此,地震作用下桥墩边界应是弹性约束,而不是刚性固结。对桩基边界条件进行精确模拟涉及复杂的桩与土的相互作用问题。但分析表明,对于桥梁结构本身的分析问题,只要对边界做适当的模拟就能得到较满意的结果。考虑桩基边界条件最常用的处理方法是用承台底六个自由度的弹簧刚度模拟桩与土的相互作用(图4-1),这六个弹簧刚度是竖向刚度、顺桥向和横桥向的抗推刚度、绕竖轴的抗转动刚度和绕两个水平轴的抗转动刚度。它们的计算方法与静力计算相同,所不同的仅是土的抗力取值比静力的大,一般取 $m_{动}=(2\sim3)m_{静}$。

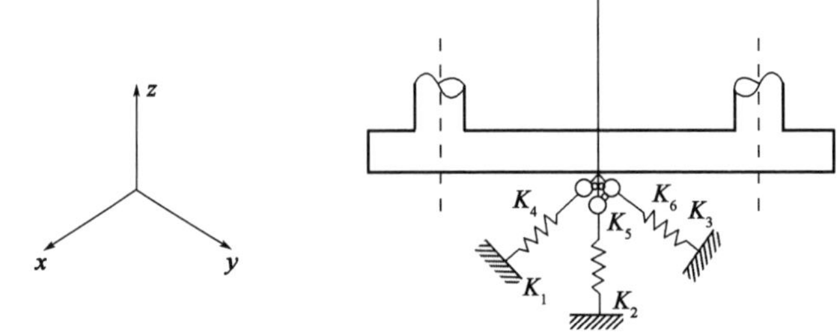

图 4-1　JTG/T B02-01—2008 中考虑桩与土共同作用的边界单元

4.1.4　扭转效应

EN 1998-2 第 4.1.5 条规定了斜桥(斜角 $\phi > 20°$)扭转的考虑方法,斜桥如图 4-2 所示。

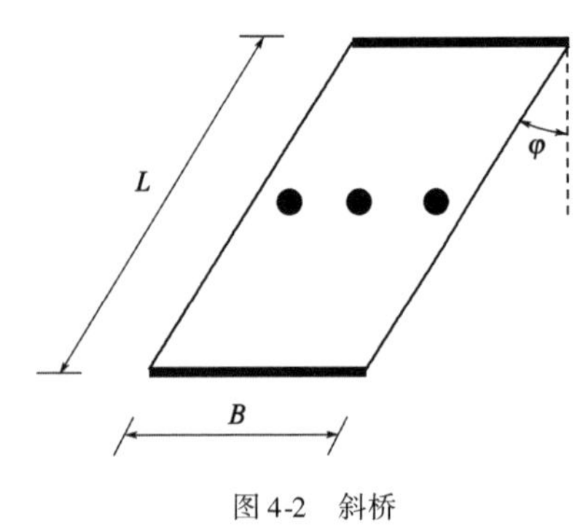

图 4-2　斜桥

桥梁结构的扭转抗力并不是取决于独立桥墩的扭转刚度。在单跨桥梁中,支承应被设计用于抵抗扭转效应。EN 1998-2 第 4.1.5(2)条规定,尽量避免在地震高发区修建斜交角度大于 45°的桥梁。当不可避免,且桥梁通过支座支撑在桥台上时,应精确模拟支座的实际刚度,应计入钝角处的竖向集中反力,另外还应考虑可能增加的偶然偏心。

EN 1998-2 第 4.1.5(3)条规定了使用基本模态法进行设计时等效静态力矩的计算方法:

$$M_t = \pm F \cdot e \tag{4-2}$$

式中:$F = M \cdot S_d(T)$,参见 EN 1998-2 式(4.12);

e——偏心距,参见 EN 1998-2 式(4.1)。

当使用全动力模型(空间模型)时,如果质量中心在最不利方向由于偶然偏心 e_a 发生位移,则应考虑扭转激励的动力部分。但是,扭转效应可以使用 EN 1998-2 式(4.1)的静力扭转弯矩计算。

JTG/T B02-01—2008 没有明确提出扭转效应的考虑方法,只是在第 6.3 节对曲线桥梁的空间分析原则进行了简单的规定。

4.1.5　用于线性分析的性能系数

EN 1998-2 中,有关线性分析的性能系数选取充分考虑到构件的类型,将结构分为延性结构、有限延性结构和基本弹性结构三类。它们的最小位移延性系数要求分别为 11.0、1.5、1.0,要求延性结构塑性铰截面最小曲率延性为 13.0。在地震作用计算方法上,欧洲标准使用等效线性化方法,用性能系数 q 来折减弹性地震力。对于延性弯曲破坏型直墩,欧洲标准规定性能系数 q 最大值为 3.5。

JTG/T B02-01—2008 第 7.4 节对 B 类、C 类桥梁墩柱的变形验算进行了规定,具体参见相关条文。

4.1.6　地震作用的竖向分量

EN 1998-2 第 4.1.7 条规定:在低强度地震和中等强度地震中可以忽略桩上竖向地震分量的影响。在地震高发区,只有在桥墩承受桥面竖向永久作用引起的高弯曲应力效应或在桥梁位于活跃地震断层 5km 以内并且根据 EN 1998-2 第 3.2.2.3 条确定竖向地震作用时,才有必要考虑这些影响。

预应力混凝土主梁应计入作用在桥面以上方向的竖向地震作用效应,支座和连接应考虑竖向地震分量效应。竖向地震分量效应可使用基本模态法以及柔性桥面模型进行估算(参见 EN 1998-2 第 4.2.2.4 条)。

JTG/T B02-01—2008 第 5.1.1(2)条规定,抗震设防烈度为 8 度和 9 度的拱式结构、长悬臂桥梁结构和大跨度结构以及竖向作用引起的地震效应很重要时,应同时考虑顺桥向 X、横桥向 Y 和竖向 Z 的地震作用。

4.2 分析方法

结构抗震设计最初采用的是静力理论,由日本学者大房森吉于 1899 年最早提出。静力法将地震力视为加载在结构上的静力,将在地震力下结构的响应视为静力响应,且将地震动加速度作为结构发生破坏的唯一因素,即把结构物在地面运动加速度作用下产生的惯性力视作静力,作用于结构物上做抗震计算。从动力学的角度分析,将地震加速度作为结构发生破坏的单一因素有着很大的局限性,因为它忽略了结构的动力特性这一重要因素。事实上,只有当结构的基本固有周期远远小于场地卓越周期时,结构在地震动的作用下才可能几乎不产生变形,可以被当作刚体,此时静力法才能够成立。由于静力法在理论上存在上述局限性,现在已很少使用,但因为它的概念简单,且计算公式简明扼要,所以在桥台和挡土结构等质量较大的刚性结构的抗震计算中仍然被采用。

现在的国际主流抗震分析方法有:静力法,包括弹性静力分析法和静力弹塑性分析法;反应谱法,分为单振型、多振型、等效线性化方法;动态时程分析方法,包括弹性和弹塑性动力时程分析法。EN 1998-2 中计算地震反应的方法有:线性动力分析-反应谱法、基本模态分析法、时序分析法、非线性动力时程分析法、非线性静力分析法。JTG/T B02-01—2008 采用反应谱法、时程分析法(作为辅助设计使用)、功率谱法(作为辅助设计使用)。

与 JTG/T B02-01—2008 采用一次弹性设计的方法相比,EN 1998-2 采用了等效静力法、线性动力法、非线性动力法等多种方法,引入延性抗震设计进行多次设计,分析方法多样。按照桥梁分类进行抗震分析计算的步骤见表 4-1。

EN 1998-2 桥梁抗震分析步骤 表 4-1

阶段	分析步骤	
线性计算	1	确定结构质量
	2	确定支撑物长度
	3	估计工程的固有周期及其在应力作用下的变形
	4	估计结构的衰减
	5	估计弹性反应波谱导致的等效静力
	6	核算弹性应力
非线性计算	7	应用性能系数 q 进行受力分解(不用该系数分解位移)
	8	根据 S_d/q 计算考虑塑性变形后的桥梁下部结构的自身地震力
	9	验算塑料铰区结构的真实作用,此时墩底截面的最外层受拉钢筋应该进入塑性状态
	10	如果墩底截面的最外层受拉钢筋没有进入塑性状态,则减少 q 值并重新计算

4.2.1 线性动力分析-反应谱法

19 世纪 30、40 年代,美国布置了强震观测台网,并且于 1940 年在峡谷地震中成功地收集了包括埃尔森特罗地震在内的大量地震记录资料。在此基础上,比奥特于 1943 年提出反应谱的概念,并绘制了第一条弹性反应谱曲线;1948 年,豪斯纳提出基于加速度反应谱曲线的弹性反应谱。此法的第一次成功运用是在1956年的墨西哥城拉丁美洲塔的抗震设计中，并且在1957年里氏8级的墨西哥大地震中表现出了极强的抗震性能，从而使反应谱理论得到广大学者的重视。

反应谱为单质点体系在给定地震作用下的最大反应随其自振周期变化的曲线。若单质点体系进入塑性变化阶段则为弹塑性谱，若单质点体系没有进入塑性变化阶段则为弹性谱。弹性反应谱将动力设计转化为静力设计，使计算更方便、快捷，但不能反映地震的持时，只适用于弹性分析，无法考虑地震的扭转，不能用于包含塑性变形的结构。而对于受“中震”和“大震”作用的结构，必将发生塑性变形，发挥其延性的吸收和耗能作用，因此需用弹塑性反应谱进行分析。

EN 1998-2 第4.2.1条对桥梁结构中反应谱法的应用领域进行了介绍，反应谱分析是一种弹性分析，使用与场地有关的设计反应谱（见EN 1998-1:2004 第3.2.2.5条），计算结构所有重要模态的动力响应峰值。总体响应通过统计地震组合最大模态贡献获得。这种分析方法适用于允许线性分析的情况。地震作用效应应从一个离散线性模型中确定（全动态模型），按照力学原理和结构分析原则理想化，并同有关的地震动理想化相协调。通常这个模型是一个空间模型。

结构各阶模态效应组合和不同分量地震作用的组合分别见EN 1998-1 第4.2.1.3条和第4.2.1.4条。

JTG/T B02-01—2008 第6.4节对反应谱法也进行了规定，反应谱法包括单振型反应谱法和多振型反应谱法。单振型反应谱法和多振型反应谱法的选用可参见JTG/T B02-01—2008 表6.1.4。规则桥梁的抗震计算可采用JTG/T B02-01—2008 第6.7节给出的计算方法。

4.2.2 基本模态分析法

在基本模态分析法中，等效地震静力通过所考虑方向结构的基本模态和固有频率，使用相关的场地设计反应谱推导出来。这个方法包括对第一振型形状及基本周期的估计。

EN 1998-2 虽然没有给出具体的简化动力计算模型，但规定了桥梁动力模型，将模型分为刚性桥面板模型、柔性桥面板模型和单墩模型三类，并给出了不同模型的规定和界分标准。

1）刚性桥面板模型

当相对于桥墩，桥面板的水平位移可以忽略时，便可以考虑使用此模型，一般连续的直线桥只要满足式（4-3）和式（4-4）中任何一种要求便可用此模型进行计算：

$$\frac{\Delta d}{d_a} \leqslant 0.2 \tag{4-3}$$

式中：Δd、d_a——横向地震作用或具有相同分布的横向荷载作用下，桥墩顶位移的最大差值和所有桥墩的平均位移。

$$\frac{L}{B} \leqslant 4 \tag{4-4}$$

式中：L——连续板的总长；

B——板的宽度。

此模型计算的地震力等效为一个水平静力F：

$$F = MS_d(T) \tag{4-5}$$

式中：M——结构的等效总质量，等于桥面板的质量与桥墩上半部分质量的总和；

S_d——欧洲标准设计反应谱的谱加速度，相应的基本周期T的计算见式（4-6）。

$$T = 2 \times \pi \times \sqrt{\frac{M}{K}} \tag{4-6}$$

式中：K——体系的刚度，等于所有抗震构件的刚度之和。在横向上，力F沿板和有效质量的分布成比例分布。

2)柔性桥面板模型

当$\frac{\Delta d}{d_a}\leqslant 0.2$不成立时,桥梁便可以考虑成弹性模型。

可通过瑞利系数来计算所考虑水平方向上的结构基本周期,计算模型采用单自由度体系:

$$T=2\pi\sqrt{\frac{\sum M_i d_i^2}{g\sum M_i d_i}} \tag{4-7}$$

式中:M_i——第 i 节点处的质量;

d_i——当力 gM_i 作用在所考虑水平方向上的所有节点上时检查方向上的位移。

此时的地震作用效应等效为在第 i 节点的作用力大小:

$$F_i=\frac{4\pi^2}{gT^2}S_d(T)d_iM_i \tag{4-8}$$

式中:T——基本周期;

M_i——第 i 节点的质量;

d_i——所有节点的作用水平方向;

$S_d(T)$——欧洲标准设计反应谱的谱值;

g——重力加速度。

3)单墩模型

某些情况下,抗震主要是体现在桥墩上,并且相邻桥墩之间相互影响不大,在这种情况下,分析桥梁抗震时便可以采用单墩模型。

EN 1998-2 第 4.2.2.6 条规定,作用在第 i 个桥墩的地震荷载:

$$F_i=M_iS_d(T_i) \tag{4-9}$$

式中: M_i——第 i 个桥墩上的质量;

$T_i=2\pi\sqrt{\frac{M_i}{K_i}}$——同一桥墩的基本周期,不考虑其余桥梁。

JTG/T B02-01—2008 中,没有明确提出基本模态法的相关概念。

4.2.3 可供选择的线性分析方法——时序分析法

动态时程分析方法又称直接积分法,是将地震记录或人工波作用在结构上,直接对结构运动方程进行积分,求得结构任意时刻地震反应的分析方法。EN 1998-2 第 4.2.3 条规定了时序分析方法的最基本原则,也就是地震作用应采用一系列时程加速度最大反应的平均值,而该系列加速度时程是满足一定条件确定出来的。第 3.2.3 条规定了加速度时程的选取原则。

JTG/T B02-01—2008 第 5.3 节规定了设计地震动时程的选取原则,详见第 3.2.2.2 节。

4.2.4 非线性动力时程分析法

时程分析法是把大型桥梁结构离散成多节点、多自由度的结构有限元动力计算模型,将地震动记录直接输入,借助计算机逐步积分求解结构反映时程的一种分析方法。时程分析法利用实际地震地面运动加速度记录进行抗震分析与设计,该方法考虑了结构的弹性和弹塑性性态,能反映地震动的三大要素(频谱、振幅和持时)。采用这种分析方法,首先要从选取合适的地震动记录(地震动加速度时程)出发,采用多节点多自由度的结构有限元动力计算模型建立地震运动方程,然后采用逐步积分的方法对方程进行求解,计算地震过程中每一瞬时结构的位移、速度和加速度反应,从而分析出结构在地震作用下弹性和非弹性阶段的内力变化以及构件逐步开裂、损坏直至倒塌的全过程。

通过时程反应分析,不仅可以发现结构的薄弱环节,以便事先予以加强和更加合理地使用材料;还能较确切地估计地震过程中结构发生震害的形态和部位,为及时采取补救措施提供依据;同时,还可以将时程分析法作为其他简化设计方法校验的标准。从理论上来看,动力时程分析法较动力反应谱法更为先进,得到的结果也更为精确,但其计算过程相对比较烦冗,且技术复杂,需借助专用计算程序完成,并且这种分析方法存在一些参数难以确定的问题。目前,大多数国家除对常用的中小跨度桥梁仍采用反应谱方法计算外,对重要、复杂、大跨度的桥梁抗震计算都建议采用动力时程分析法。

EN 1998-2 第4.2.4 条规定了非线性动力时程分析方法最基本的原则。与时间有关的结构响应应通过非线性运动微分方程离散数值积分计算。地震输入应包括地面运动时程(加速度,参见 EN 1998-2 第3.2.3 条)。地震设计状况中,对重力荷载和其他准永久作用的效应以及二阶效应均应进行考虑。EN 1998-2 规定,非线性动力时程分析法只能和标准反应谱分析结合使用,以得到非弹性响应的本质以及在要求和可用局部延性要求之间进行比较。通常,非线性分析结果不应该用于放宽反应谱分析结果的要求。然而在带有隔震装置的桥梁情况中或者不规则桥梁中,从严格时程分析得到的较低值应取代响应谱分析结果。

JTG/T B02-01—2008 第6.5 节规定了时程分析的最终结果的确定方法,当采用3 组地表波计算时,应取3 组计算结果的最大值;当采用7 组地表波计算时,可取7 组计算结果的平均值。在 E1 地震作用下,线性时程法的计算结果不应小于反应谱法计算结果的80%。

4.2.5 非线性静力分析法

非线性静力分析法是近年来在地震研究及抗震设计中经常采用的基于性能的抗震设计方法中最具代表性的分析方法。所谓基于性能的抗震设计就是由设计人员设定结构的目标性能,并通过采取措施使结构能满足预先设定的目标性能的方法。非线性静力分析法分析前要经过一般设计方法先进行抗震设计,使结构满足"小震不坏、中震可修"的要求;然后再通过非线性静力分析法来检验结构在大震作用下是否能满足预先设定的目标性能。

非线性静力分析法在一定范围内能够较为准确地反映结构的地震反应特征。该方法最先引起人们的关注是在1975 年 Freeman 等提出了能力谱方法。随后,有关非线性静力分析法的研究和应用受到了大家的重视,并逐渐成为结构抗震能力评估的一种较为流行的方法。

EN 1998-2 中的非线性静力分析法不能算作一种结构地震反应分析的方法,但能提供一个评估结构地震反应,尤其是非线性地震反应的简单而有效的方法,是一种纯粹的非线性静力分析过程,但又不同于一般的非线性静力分析法。

对于桥梁结构来说,非线性静力分析法通常将相邻伸缩缝之间的桥梁结构当作空间独立框架考虑,上部结构通常假定为刚性,分析的初始阶段是对单独的排架墩在所考虑的方向上(顺桥向或横桥向)进行独立的倒塌分析,以获得构件在单调递增水平荷载作用下的整个破坏过程和变形特征,从而发现桥梁结构的薄弱环节。

其基本操作步骤如下:

(1)建立结构模型,包括几何和物理参数,计算结构在竖向荷载作用下的内力。

(2)假设结构单个构件的非线性力-位移关系包括屈服强度、屈服后刚度、刚度退化等。

(3)计算目标位移,当分析的结构被转化为等效单自由度体系时,目标位移可由非弹性位移谱或非线性动力分析方法计算。

(4)选择合适的侧向力模型。

(5)用单向增加的荷载逐步对结构进行了推覆分析。

(6)结构被推覆时,某一构件屈服后,其刚度发生变化,随即改变该构件的状态。最简单的改变方法是将屈服构件的一端甚至两端设成塑性铰。这样,相当于形成一个新的结构,求出这个新结构的周期,在其上再加上一定量的水平荷载。

(7)对于新的结构,继续对其进行非线性静力分析,直到又一个或一批构件进入屈服。

(8)不断重复第(6)、(7)步,直到结构顶层位移达到目标位移或结构倒塌为止。

(9)记录第一次有塑性铰出现后结构的周期,累积每一次施加的荷载。

(10)成果整理。把所得的结果绘成图形,如基底剪力-顶层位移曲线或水平力与结构自重的比值-自振周期曲线。

(11)进行成果分析时,要分别考虑所得的结果,使结构的顶层位移以及侧向力都能满足一定烈度下的抗震要求。

4.3 本章小结

本章主要对中欧标准中的建模原则进行了介绍,其中包括动力自由度、结构的阻尼和构件刚度、土体建模、扭转效应、用于线性分析的性能系数以及地震作竖向分量的考虑原则等,最后重点对比了中欧标准抗震分析方法。EN 1998-2 中的分析方法包括线性动力分析-反应谱法、基本模态分析法、可供选择的线性分析方法——时序分析法、非线性动力时程分析法和非线性静力分析法,通过分析可以看出,中欧桥梁结构抗震设计标准的分析方法基本类似。

第 5 章 强度验算

5.1 一般规定

EN 1998-2 第 5.1 条规定,第 5 章的规定适用于采用等效线性方法设计的桥梁抗震体系,且必须考虑结构延性或约束延性,隔震桥梁和非线性结果的验算分别参见 EN 1998-2 第 7 章和第 4.2.4 条。JTG/T B02-01—2008 第 7.1 节对不同的桥梁的强度与变形验算进行了简单的规定。

5.2 材料及设计强度

5.2.1 材料

EN 1998-2 第 5.2.1 条中规定了钢材的使用原则,根据性能系数 q 的不同,对于不同延性等级桥梁的混凝土构件使用不同类别的钢材,具体的材料类别参见 EN 1992-1-1:2004 的表 C.1 和表 C.4。同时在第 5.2.1(3) 条中规定所有的钢构件必须符合 EN 1998-1:2004 第 6.2 条的要求。

JTG/T B02-01—2008 对材料没有专门条款规定,具体参见相关桥梁设计标准。

5.2.2 设计强度

EN 1998-2 第 5.2.2 条规定材料的抗力设计值应按 EN 1998-1:2004 第 5.2.4 条、第 6.1.3 条或第 7.1.3 条确定。

JTG/T B02-01—2008 对设计强度没有专门条款规定,具体参见相关桥梁设计标准。

5.3 能力设计

5.3.1 一般规定

能力设计是 20 世纪 70 年代新西兰学者 Paulay 提出的一种抗震设计方法,其原理是通过对结构体系中延性破坏和脆性破坏发生的先后顺序进行分级,利用结构的延性抑制结构脆性破坏的发生。实现能力破坏的基本途径是保证结构塑性铰出现在预定位置和地震反复作用下不破坏。

在桥梁抗震设计中,要求上部结构除次要构件(如伸缩缝、栏杆)外,均保持弹性状态设计。

对考虑延性的下部结构,实现上述能力设计方法的关键是选取希望的结构破坏方式及构件细部构造,以确保发生强烈地震时结构具有预期的性能。对单柱或多柱的下部结构,考虑到检修和加固便利,设计应使塑性铰出现在柱上,而不是出现在基础(墩底、桩帽或桩)上。常规设计方法与能力设计方法的对比见表5-1。

常规设计方法与能力设计方法的对比 表5-1

结构抗震性能	常规设计方法	能力设计方法
塑性铰出现位置	不明确	预定的构件部位
塑性铰的布局	随机	预先选择
局部延性需求	难以估计	与整体延性需求直接联系
结构整体抗震性能	难以预测	可以预测
防止结构倒塌破坏概率	有限	概率意义上的最大限度

采用能力设计方法进行延性设计的步骤如下:

(1)在概念设计阶段,选择合理的结构布局。

(2)确定地震中预期出现的弯曲塑性铰的合理位置,并保证结构能形成一个适当的塑性耗能机制。

(3)对潜在塑性铰区域,通过计算分析或估算建立截面“弯矩-转角”之间的对应关系;然后利用这些关系确定结构的位移延性和塑性铰区截面的预期抗弯强度。

(4)对选定的塑性耗能构件,进行抗弯设计。

(5)估算塑性铰区截面在设计预期的最大延性范围内的变形时,其可能达到的最大抗弯强度。

(6)按塑性铰区截面的弯曲超强强度进行塑性耗能构件的抗剪设计以及能力保护构件的强度设计。

(7)对塑性铰区域进行细致的构造设计,以确保潜在塑性铰区截面的延性能力。

(8)对于脆性构件或不希望出现塑性变形的构件,确保其强度安全等级高于包含塑性铰的构件。

5.3.2 能力设计的实现

在地震中,桥梁下部结构经常受到破坏,所以在抗震设计中桥墩比桥梁重要,并且桥墩是桥梁结构中最重要的承重构件,桥墩破坏将导致整个桥梁结构的倒塌。在地震作用下,桥墩是受压、受弯和受剪构件,其变形能力不如以弯曲作用为主的梁,因此要使桥梁结构具有较好的抗震性能,应该确保桥墩有足够的承载力与延性。即从桥梁整体结构的角度出发进行桥梁抗震设计,应该要求“强墩弱梁”。通过对大量震害和试验结果的观察发现,墩柱的实际抗弯承载力要大于其设计承载力,这种现象称为墩柱抗弯超强(overstrength)现象。引起墩柱抗弯超强的原因很多,但最主要的原因是钢筋在屈服后的极限强度比其屈服强度大很多,且钢筋实际屈服强度比设计强度大很多。如果墩柱塑性铰的抗弯承载力出现很大的超强,所能承受的地震力超过了能力保护构件,则将导致能力保护构件先失效,预设的塑性铰不能产生,桥梁发生脆性破坏。

为避免桥梁构件在出现塑性铰之前发生脆性的剪切破坏,要求对构件的抗剪承载力进行能力设计,即根据构件塑性铰处的抗弯强度确定超强抗弯强度,根据超强抗弯强度确定桥墩的抗剪承载力。超强系数考虑了构件材料强度的变异性和钢筋应变硬化等因素,但不同标准采用的超强系数不同。

EN 1998-2 第5.3(3)条规定:

$$M_o = \gamma_o M_{Rd} \tag{5-1}$$

式中:M_o——超强弯矩;

γ_o——超强系数[不同国家可使用不同的值,可查该国的国家附件,推荐值为 1.35(混凝土构件)和 1.25(钢构件)];

M_{Rd}——选定方向上基于实际截面积和尺寸的设计抗弯强度。

当约束混凝土截面的轴压比 η_k(混凝土强度取特征值)大于 0.1 时,则超强系数应乘以 $1+2(\eta_k-0.1)^2$,其中:

$$\eta_k=\frac{N_{Ed}}{A_c f_{ck}} \tag{5-2}$$

式中:N_{Ed}——地震设计状况塑性铰处轴力值,受压为正;

A_c——截面面积;

f_{ck}——混凝土特征强度。

同济大学结合《公路钢筋混凝土及预应力混凝土桥涵设计规范》(JTG 3362),对超强系数的取值也进行了研究,结果表明:当轴压比大于 0.2 时,超强系数随轴压比的增加而增加,当轴压比小于 0.2 时,超强系数为 1.1 ~ 1.3。JTG/T B02-01—2008 第 6.8 节规定,桥梁的基础、盖梁、梁体及墩柱的超强系数取 1.2。

5.4 二阶效应

EN 1998-2 第 5.4 节规定了二阶效应的考虑方法,较大的二阶效应可能发生在带有柔性墩的桥梁以及特殊桥梁中,如拱桥和斜拉桥中。推荐计算公式如下:

$$\Delta M=\frac{1+q}{2}d_{Ed}N_{Ed} \tag{5-3}$$

式中:N_{Ed}——设计地震状况下的轴力;

d_{Ed}——设计地震状况下考虑延性构件端部的相对横向位移。

JTG/T B02-01—2008 第 6.3.9 条规定,墩柱的计算长度与矩形截面短边尺寸之比大于 8 时,或墩柱的计算长度与圆形截面直径之比大于 6 时,应考虑 P-Δ 效应。这是参考美国 CALTRANS 抗震设计标准做出的规定,因为当桥墩的高度较高时,桥墩的几何非线性效应不能忽略。

5.5 地震作用与其他作用的组合

EN 1998-2 第 5.5 节规定,地震设计状况下,作用效应的设计值应按照 EN 1990:2002 第 6.4.3.4 条和 EN 1998-1:2004 第 3.2.4(1)条确定,必须与永久作用、预应力、地震作用、交通荷载和相关土压力、浮力和水流相组合,不必和强迫变形引起的作用效应组合,如温度、收缩、支座沉降、地震断裂引起的残余地面移动等,且组合时可忽略风荷载和雪荷载的作用。

表达式如下[参见 EN 1998-2 式(5.4)]:

$$E_d=G_k\text{“}+\text{”}P_k\text{“}+\text{”}A_{Ed}\text{“}+\text{”}\psi_{21}G_{1k}\text{“}+\text{”}Q_2 \tag{5-4}$$

式中:“+”——组合;

G_k——永久作用的标准值;

P_k——考虑损失后预应力的标准值;

A_{Ed}——设计地震作用;

ψ_{21}——交通荷载的组合系数按照 EN 1998-2 第 4.1.2(3)条确定;

G_{1k}——交通荷载标准值;

Q_2——长时间作用的准永久值(如土压力、浮力及水流等)。

JTG/T B02-01—2008 第 5.5.1 条规定,E1 地震作用抗震设计阶段,应考虑地震时动水压力和主动土压力的影响,在 E2 地震作用抗震设计阶段,一般不需考虑。具体的计算方法参见 JTG/T B02-01—2008 第 5.5.2 条和第 5.5.2 条。

5.6 混凝土截面强度验算

强度是保证桥梁结构具有抗震承载力的一个方面,延性是使结构具有地震适应性、消耗地震作用力、保护桥梁不发生灾难性倒塌的另一个方面,两者具有同等的重要性。在地震作用下,弯、压、剪、扭是桥梁破坏的主要形式,也可能是这些破坏形式的组合,其中扭转多发生于斜交桥或曲线桥梁。在高烈度地震区,一般限制使用斜度较大的斜交桥($\varphi > 45°$)。欧洲标准规定,当不能避免使用斜交桥且桥梁是通过支座支撑在桥台上时,应对支座的实际水平刚度进行精确计算,计入钝角处的竖向集中反力。另外,还应考虑可能增加的偶然偏心。

5.6.1 抗弯强度验算

5.6.1.1 欧洲标准

EN 1998-2:2005 将桥梁分为延性性能和有限延性性能两种形式。对于按标准设计的钢筋混凝土延性构件,规定了不同构件的性能系数 q。混凝土桥梁的延性设计通过性能系数 q 来考虑,同时性能系数 q 又根据轴压比的取值来确定,最后考虑延性的地震作用通过弹性反应谱除以性能系数 q 来确定。事实上,当构件的轴压比很大时,构件的延性会迅速降低。因此,不考虑构件的轴压比进行设计而使结构具有规定的延性是不切实际的。

当截面抗力取决于多分量作用效应(如弯矩、单向或双向轴力)时,则可通过分别考虑每个作用分量极限值(最大或最小),并同时考虑所有其他分量的作用效应值,来满足 EN 1998-2 第 5.6.2 条和第 5.6.3 条中规定的极限状态条件。

EN 1998-2 使用单级设防标准,采用基于强度的抗震设计方法,主要是对设计地震作用下结构的强度进行验算(采用极限状态法)。对桥墩和基础按弹性、有限延性和延性三种不同的地震反应性能分别规定验算方法,抗震验算时根据所要达到的抗震性能进行验算(EN 1998-2 第 5.6.2 ~ 5.6.3 条)。

1)有限延性结构的桥梁

截面的弯曲抗力应满足:

$$E_d \leqslant R_d \tag{5-5}$$

式中:E_d——抗震时考虑二阶效应的设计作用效应;

R_d——截面的设计抗弯强度。

2)延性桥梁

塑性铰范围内的截面的弯曲抗力必须满足以下要求:

$$M_{Ed} \leqslant M_{Rd} \tag{5-6}$$

式中:M_{Ed}——抗震设计时考虑二阶效应的弯矩设计值;

M_{Rd}——截面的设计弯矩强度。

塑性铰范围外的截面的弯曲抗力必须满足以下要求:

$$M_C \leqslant M_{Rd} \tag{5-7}$$

式中:M_C——能力设计弯矩;

M_{Rd}——考虑了其他构件影响的截面的抗震设计弯矩。

5.6.1.2 中国标准

在 JTG/T B02-01—2008 中,除了对结构在多遇地震作用下的抗震性能进行验算外,还应对

桥梁结构各部件进行罕遇地震(设计地震)作用下的延性验算,最危险截面极限强度和变形验算按式(5-8)和式(5-9)进行:

$$P_E \leqslant P_a \tag{5-8}$$

$$\delta_R \leqslant \delta_{Ra} \tag{5-9}$$

式中:P_E——构件最危险截面的最大地震组合效应;

P_a——构件最危险截面的极限承载力;

δ_R——构件的残留变形;

δ_{Ra}——允许塑性变形。

5.6.2 抗剪强度验算

延性桥墩截面抗剪强度验算是为了保证桥墩在罕遇地震作用下不发生脆性的剪切破坏。钢筋混凝土墩柱的抗剪强度采用强度破坏准则进行验算,即要求地震引起的墩柱最大剪力小于墩柱的抗剪强度。在进行抗震验算时,为了确保整个墩柱不发生剪切破坏,对塑性铰区内外截面都要进行抗剪强度验算。

5.6.2.1 欧洲标准

剪切破坏属于脆性破坏,容易导致桥梁倒塌。所以各国标准都要求对桥柱或桥墩的抗剪进行能力设计。桥柱或桥墩的抗剪包括两个方面:一是塑性铰区之外的抗剪,二是塑性铰区的抗剪。塑性铰区的抗剪与塑性铰区之外的抗剪有所不同。在塑性铰区,由于混凝土和纵向钢筋均进入非线性状态,其抗剪能力比塑性铰区之外的低,与要求的延性有关,如图5-1所示。

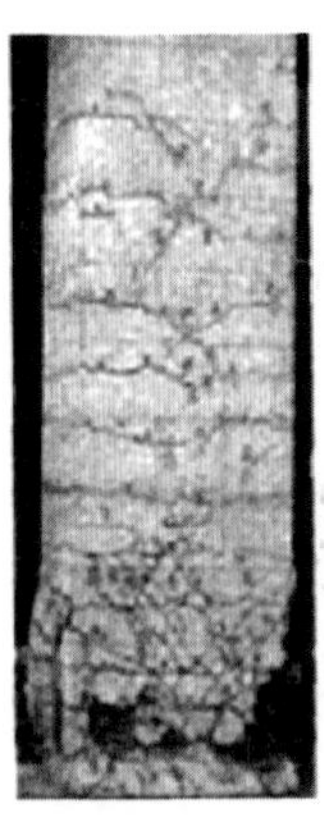
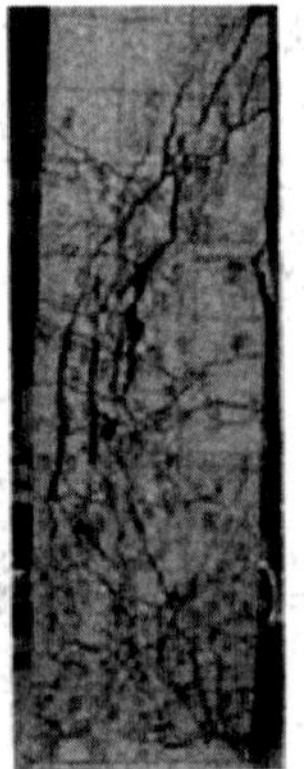
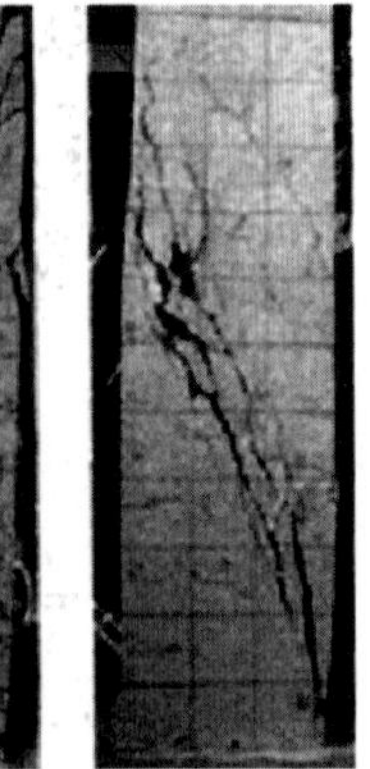

图5-1 柱破坏形式

欧洲标准塑性铰区域内以及区域外构件的抗剪承载力计算方法与一般情况下抗剪承载力的计算方法基本一致,但具有更高的安全度。具体条款参见EN 1998-2第5.6.3.3~5.6.3.4条。对于构件塑性铰区域之外的截面,为防止脆性破坏,混凝土的抗剪承载力 $V_{Rd,c}$、混凝土的最大抗剪承载力 $V_{Rd,max}$ 和钢筋的抗剪承载力 $V_{Rd,s}$ 按EN 1992-1-1:2004的方法计算,再除以附加安全系数 $\gamma_{Rd}=1.25$。对于塑性铰区的抗剪,混凝土压杆和拉杆间的角度 θ 可假定为45°,对于剪跨比小于或等于2的构件,还应分别按照EN 1998-2对桥墩进行斜拉和滑移验算。

5.6.2.2 中国标准

JTG/T B02-01—2008采用下式计算塑性铰区混凝土和钢筋的抗剪作用,即:

$$V_{c0} \leqslant \phi(0.0023\sqrt{f'_c}A_c + V_s) \tag{5-10}$$

$$V_s = 0.1\frac{A_k b}{S_k}f_{yh} \leqslant 0.067\sqrt{f'_c}A_c \tag{5-11}$$

式中:f'_c——混凝土抗压强度标准值;

A_c——核心混凝土面积;

V_s——箍筋提供的抗剪承载力;

A_k——同一截面上箍筋的总面积;

S_k——箍筋的间距;

f_{yh}——箍筋抗拉强度设计值;

b——墩柱沿计算方向的宽度;

ϕ——抗剪强度折减系数，$\phi=0.85$。

5.6.3 变形验算

变形验算是地震作用下对桥梁结构或构件性能方面的要求。在小震作用下，要求结构不损坏，属于使用性能要求，此时结构或构件处于弹性状态。在强烈地震作用下，结构处于非线性状态，应具有足够的变形能力而不倒塌。

EN 1998-2:2005 第 2.3.5 条对极限状态下延性结构塑性铰转动能力的验算和结构位移的验算方法和基本准则进行了规定。

JTG/T B02-01—2008 第 7.1 节对变形进行了相关规定，没有对 E1 地震作用下桥梁的弹性计算提出要求，但要求验算 E2 地震作用下 B 类和 C 类桥梁墩柱塑性铰的转动能力和支座的变形。

5.7 钢构件和组合构件的抗力验算

5.7.1 钢桥墩

对于钢桥墩，能量耗散只允许发生在桥墩上，不允许发生在主梁上。EN 1998-2 第 5.7.1.2 条、第 5.7.1.3 条和第 5.7.1.4 条对作为抗弯框架的桥墩、作为同心支撑结构的桥墩以及作为偏心支撑结构的桥墩抗力验算分别进行了规定。

JTG/T B02-01—2008 没有对桥墩划分得如此细致，仅在第 7.1.1 条和第 7.1.2 条进行了简单规定。第 7.1.1 条规定，在 E1 地震作用下，结构在弹性范围内工作，基本不损伤；在 E2 地震作用下，延性构件（墩柱）可发生损伤，产生弹塑性变形，耗散地震能量，但延性构件（墩柱）的塑性铰区域应具有足够的塑性变形能力。墩柱的抗剪按能力保护原则设计，在 E2 地震作用下基本不发生损伤。

5.7.2 钢或组合桥面板

EN 1998-2 第 5.7.2 条规定，对于延性设计的桥梁（$q>1.5$），桥面板应按照 EN 1998-2 第 5.3 节对承载力设计效应进行验算。对于按有限延性设计的桥梁（$q\leqslant 1.5$），应根据 EN 1998-2 中式(5-4)分析得出的设计作用效应进行桥面验算。应分别按照 EN 1993-2:2005 或者 EN 1994-2:2005 对钢或组合桥面板进行验算。

JTG/T B02-01—2008 没有涉及钢或组合桥面板，具体设计可参考相关公路桥涵设计标准和建筑抗震设计标准等。

5.8 基础

由于在地震过程中，基础如果发生损伤，难以发现并且维修困难，因此抗震设计要求应保证基础在达到预期的强度之前，墩柱已超过其弹性反应范围。EN 1998-2 第 5.8.1(1)条规定，基础在设计地震作用下保持弹性，且应考虑土与结构的相互作用。同时 EN 1998-2 第 5.8.2 条对约束延性桥梁和延性桥梁的设计作用效应进行了规定。

JTG/T B02-01—2008 第 6.8.5 条也有类似规定，要求采用能力保护设计原则进行基础计算和设计，梁桥基础沿顺桥向、横桥向的弯矩、剪力和轴力设计值应根据墩柱底部可能出现塑性铰处沿顺桥向、横桥向的弯矩承载力（考虑超强系数 φ°）、剪力设计值和墩柱最不利轴力来计算。

5.9 本章小结

本章主要对中欧桥梁抗震设计标准中的强度验算进行了比较,包括材料及设计强度、能力设计、二阶效应、地震作用与其他作用的组合、钢构件和组合构件的抗力验算以及基础等。欧洲标准和中国标准均采用超强系数来考虑构件材料强度的变异性和钢筋应变硬化等因素,进而体现了能力设计的思想。EN 1998-2 和 JTG/T B02-01—2008 均考虑了二阶效应,欧洲标准给出了具体的计算公式,而中国标准仅给出了指导性意见。

第6章 构造细节设计

6.1 一般规定

EN 1998-2 第 6 章关于构造细节设计的规定只适用于延性设计桥梁,目的是为了确保塑性铰处弯曲/旋转延性的最小能力,通常不允许在梁体出现塑性铰。对于约束有限延性行为的桥梁,关键截面和特定非延性构件的构造规定见 EN 1998-2 第 6.5 节。

JTG/T B02-01—2008 第 8 章对延性构造细节设计进行了规定,主要分为墩柱结构构造措施和节点构造措施。

6.2 混凝土桥墩

大量震害表明,桥梁结构的破坏主要发生在桥墩上,其破坏主要源于设计和构造方面的缺陷,包括:①墩柱设计抗剪强度不足,主要是横向约束箍筋配置不足,致使脆性的剪切破坏先于延性的弯曲破坏出现。②墩柱设计延性不足,主要也是横向约束箍筋配置不足。③构造缺陷,主要包括横向约束箍筋数量不足和间距过大,不足以约束混凝土和防止纵向受压钢筋屈曲;纵向钢筋焊接强度不够或搭接失效;纵向钢筋在桥墩中过早切断;纵向钢筋和横向箍筋锚固长度不足;箍筋端部没有做成弯勾等。这些构造缺陷,往往使得桥墩的强度和延性达不到预期的设计要求。

因此,对于延性桥梁,钢筋混凝土墩柱的构造细节设计是保证结构发挥预期延性水平的一个重要因素。

6.2.1 约束条件

如果一个结构构件在受力时出现某一点相对面的纤维屈服但未破坏,则认为此点为一塑性铰,这样一个构件就变成了两个构件加一个塑性铰,塑性铰两边的构件都能做微转动,减少了一个约束,计算时内力也发生了变化。当截面达到塑性流动阶段时,在极限弯矩值保持不变的情况下,两个无限靠近的相邻截面可以产生有限的相对转角,这种情况与带铰的截面相似。因此,当截面弯矩达到极限弯矩时,该截面成为塑性铰。塑性铰与普通铰的相同之处是铰两边的截面可以产生有限的相对转角。

塑性铰与普通铰的两个重要区别为:①普通铰不能承受弯矩,而塑性铰能承受极限弯矩;②普通铰是双向铰,即可以围绕普通铰的两个方向产生自由转动,而塑性铰是单向的。各标准的延性抗震设计均体现在塑性铰上,通过塑性铰的滞回变形吸收和消耗能量。

桥梁预期出现塑性铰的位置通常在便于发现和易于修复的墩柱的下端或上端，故把钢筋混凝土桥墩设计成延性构件，如图6-1所示。

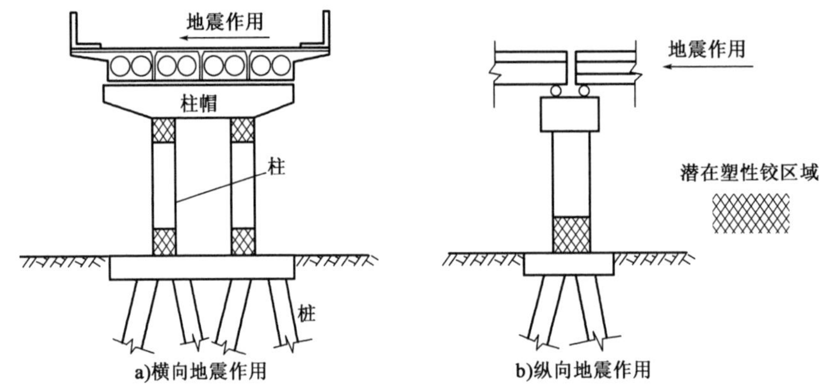

图6-1　潜在塑性铰位置的选择

通常，钢筋混凝土桥墩的延性性能与下列因素有关系：

(1)轴压比：轴压比提高，延性下降。

(2)箍筋用量：适当加密箍筋配置，可以大幅度提高延性。

(3)箍筋形状：螺旋箍比矩形箍有更好的约束效果。

(4)混凝土强度：强度越高，延性越低。

(5)保护层厚度：厚度增大，对延性不利。

(6)纵向受拉钢筋：纵向受拉钢筋的增加，总体上对延性有不利的影响。

(7)截面形式：空心截面比实心截面的延性好，圆形截面比矩形截面的延性好。

6.2.1.1　一般要求

1)欧洲标准

EN 1998-2 第6.2.1.1条规定了必须在受压区根据轴压比来决定是否采用约束钢筋的条件，并对箍筋的用量进行了规定。箍筋的用量通过式(6-1)来确定：

$$\omega_{wd}=\rho_w\cdot\frac{f_{yd}}{f_{cd}} \tag{6-1}$$

式中：ρ_w——箍筋配筋率。

对于矩形截面：

$$\rho_w=\frac{A_{sw}}{s_L}b \tag{6-2}$$

式中：A_{sw}——配置在同一截面内箍筋的全部截面面积；

s_L——箍筋间距；

b——混凝土核心区受剪截面宽度。

对于圆形截面：

$$\rho_w=\frac{4A_{sp}}{D_{sp}s_L} \tag{6-3}$$

式中：A_{sp}——螺旋钢筋或箍筋的面积；

s_L——箍筋在纵向的间距；

D_{sp}——螺旋钢筋或箍筋的直径。

2)中国标准

JTG/T B02-01—2008 第8.1.1条规定，对于抗震设防烈度7度及7度以上地区，墩柱潜在塑性铰区域内加密箍筋的配置，应符合下列要求：

(1)加密区的长度不应小于墩柱弯曲方向截面宽度的1.0倍，另外，墩柱上截面弯矩超过该墩柱最大弯矩 80% 的范围其箍筋均需加密；当墩柱的高度与横截面高度之比小于 2.5 时，墩柱加密区的长度应取全高。

(2)加密箍筋的最大间距不应大于 10cm 或 $6d_s$ 或 $b/4$，其中 d_s 为纵向钢筋的直径，b 为墩柱弯曲方向的截面宽度。

(3)箍筋的直径不应小于 10mm。

(4)螺旋式箍筋接头必须采用对接，矩形箍筋应有 135° 弯勾，并伸入核心混凝土之内 $6d_s$ 以上。

(5)加密区箍筋肢距不宜大于 25cm。

(6)加密区外箍筋量应逐渐减少。

6.2.1.2　矩形截面

1)欧洲标准

矩形截面箍筋的纵向间距应当同时满足以下两个条件：

(1)s_L 小于或等于纵向钢筋直径 d_{Lb} 的 6 倍。

(2)s_L 小于约束混凝土中心到箍筋中心线间距离的 1/5。

箍筋或横向拉筋的横向间距 $s_T \leqslant b_{min}/3$，其中 b_{min} 为以箍筋中心线为准的混凝土核心最小距离，如图 6-2 所示。

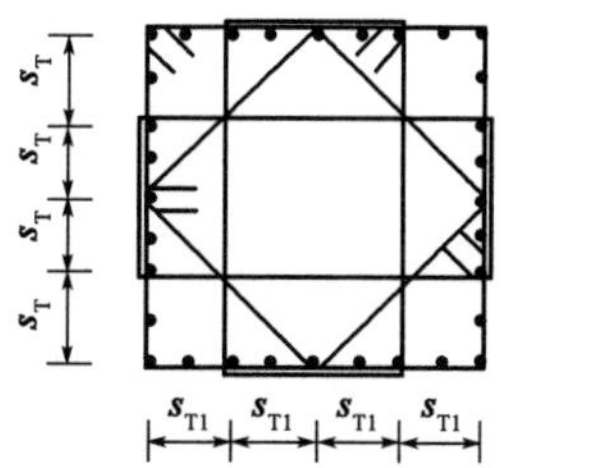

a) 4个闭合的重叠箍筋

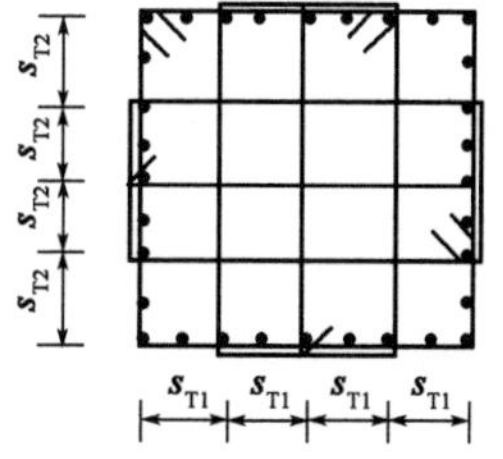

b) 3个闭合的重叠箍筋加交叉筋

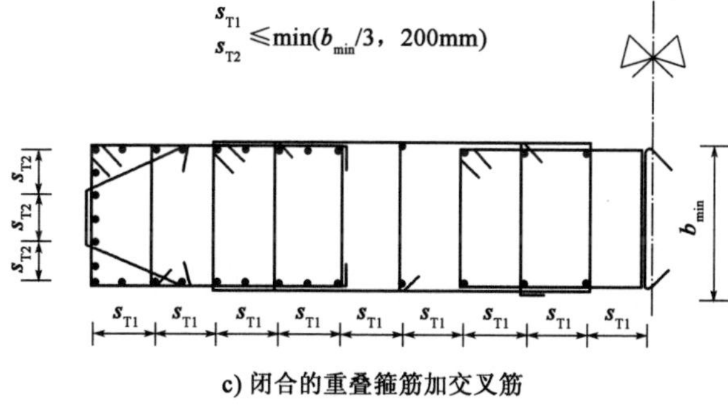

c) 闭合的重叠箍筋加交叉筋

图 6-2　使用重叠矩形箍筋和交叉筋的矩形混凝土桥墩的典型约束构造

2)中国标准

具体见 JTG/T B02-01—2008 第 8.1.1 条。

6.2.1.3　圆形截面

1)欧洲标准

圆形截面箍筋的纵向间距应当同时满足以下两个条件：

(1)s_L 小于或等于纵向钢筋直径 d_{Lb} 的 6 倍。

(2)s_L 小于约束混凝土中心到箍筋中心线间距离的 1/5。

箍筋或横向拉筋的横向间距 $s_T \leqslant b_{min}/3$，其中 b_{min} 为以箍筋中心线为准的混凝土核心最小距离。

2）中国标准

具体见 JTG/T B02-01—2008 第 8.1.1 条。

6.2.1.4 约束箍筋的最小数量

1）欧洲标准

约束箍筋的最小数量定义如下：

（1）对于矩形箍筋和横向拉筋：

$$\omega_{wd,r} \geqslant \max\left(\omega_{w,req};\frac{2}{3}\omega_{w,min}\right) \tag{6-4}$$

$$\omega_{w,req} = \frac{A_c}{A_{cc}}\lambda\eta_k + 0.13\frac{f_{yd}}{f_{cd}}(\rho_L - 0.01) \tag{6-5}$$

式中：A_c——混凝土毛截面面积；

A_{cc}——到箍筋中心线的约束核心混凝土面积；

$\omega_{w,min}$、λ——表 6-1 中规定的系数（复制自 EN 1998-2 表 6.1）；

ρ_L——纵向钢筋的配筋率。

$\omega_{w,min}$ 和 λ 的最小值　　表 6-1

地震性能	λ	$\omega_{w,min}$
延性设计	0.37	0.18
约束延性	0.28	0.12

（2）对于环形箍筋或者螺旋筋：

$$\omega_{wd,c} \geqslant \max(1.4\omega_{w,req};\omega_{w,min}) \tag{6-6}$$

采用矩形箍筋并使用横向拉筋时，在两个横向均应满足最小配筋条件。

2）中国标准

根据 JTG/T B02-01—2008 第 8.1.2 条规定，对于抗震设防烈度 7 度、8 度地区，圆形、矩形墩柱潜在塑性铰区域内加密箍筋的最小体积含箍率 $\rho_{s,min}$ 按以下各式计算。对于抗震设防烈度 9 度及 9 度以上地区，圆形、矩形墩柱潜在塑性铰区域内加密箍筋的最小体积含箍率 $\rho_{s,min}$ 应比抗震设防烈度 7 度、8 度地区适当增加，以提高其延性能力。

（1）圆形截面。

$$\rho_{s,min} = [0.14\eta_k + 5.84(\eta_k - 0.1)(\rho_t - 0.01) + 0.028]\frac{f'_c}{f_{yh}} \geqslant 0.004 \tag{6-7}$$

（2）矩形截面。

$$\rho_{s,min} = [0.1\eta_k + 4.17(\eta_k - 0.1)(\rho_t - 0.01) + 0.02]\frac{f'_c}{f_{yh}} \geqslant 0.004 \tag{6-8}$$

式中：η_k——轴压比；

ρ_t——纵向配筋率。

另外，JTG/T B02-01—2008 第 8.1.3 条规定，墩柱潜在塑性铰区域以外箍筋的体积配箍率不应小于塑性铰区域加密箍筋体积配箍率的 50%。

6.2.1.5 塑性铰的长度

1）欧洲标准

EN 1998-2 第 6.2.1.5 条对塑性铰的设计长度进行了规定。

（1）当轴压力 $\eta_k = N_{Ed}/A_c f_{ck} \leqslant 0.3$ 时，塑性铰的设计长度 L_h 为下列数值的最大值：

①受弯平面内桥墩截面的高度；

②从最大弯矩点到设计弯矩小于 80% 最大弯矩值的点之间的距离。

(2)如果 $0.3<\eta_k\leq0.6$,则确定的潜在塑性铰设计长度应当增加 50%。

值得注意的是,上面定义的塑性铰设计长度(L_h)仅用于塑性铰区钢筋的设置,不能用于计算塑性铰的转角。且当要求采用约束混凝土时,应根据 EN 1998-2 第 6.2.1.4 条确定的数量并在塑性铰整个长度范围内布置。在塑性铰长度范围外的横向钢筋可逐渐减少到其他标准的规定数量。在紧邻塑性铰理论端部附加长度 L_h 内设置的横向钢筋数量不应小于 50% 的塑性铰中要求的约束钢筋数量。

2)中国标准

根据 JTG/T B02-01—2008 第 7.4.3 条规定,塑性铰长度取下列两式的较小值:

$$L_p=0.08H+0.022f_yd_s\geq0.044f_yd_s \tag{6-9}$$

$$L_p=\frac{2}{3}b \tag{6-10}$$

式中:H——悬臂墩的高度或塑性铰截面到反弯点的距离(cm);

b——矩形截面的短边尺寸或圆形截面直径(cm);

f_y——纵筋抗拉强度标准值(MPa);

d_s——纵向钢筋的直径(cm)。

在 JTG/T B02-01—2008 中,假设截面极限状态破坏时的曲率 ϕ_u 和截面的等效屈服曲率 ϕ_y 在塑性铰范围内均匀分布,如图 6-3 所示,塑性铰的长度为 L_p,则塑性铰的极限塑性转角为:

$$\theta_u=(\phi_u-\phi_y)L_p/K \tag{6-11}$$

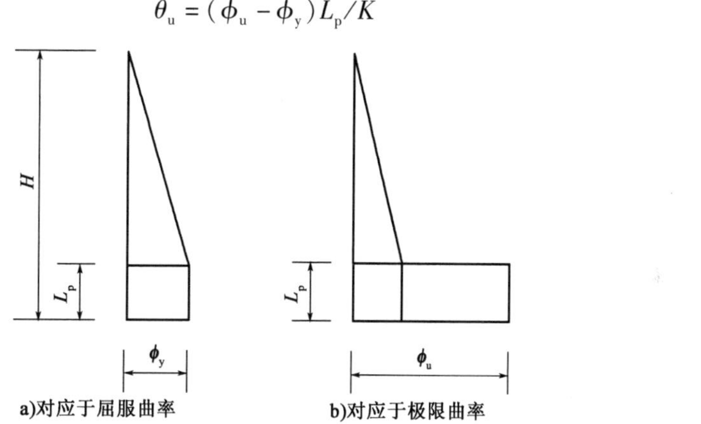

图 6-3 曲率分布模式

关于分析方法中的延性抗震设计,必须具有足够的侧向塑性变形能力,其有效途径是在桥墩的塑性铰区配置一定数量的箍筋。EN 1998-2 和 JTG/T B02-01—2008 均对桥墩塑性铰区范围内的最低约束箍筋用量做了明确的规定。

6.2.2 纵向受压钢筋的屈曲

横向钢筋在桥梁墩柱中的功能主要有以下三个方面:①用于约束塑性铰区域内的混凝土,提高混凝土的抗压强度和延性;②提供抗剪能力;③防止纵向受压钢筋屈曲。在处理横向钢筋的细部构造时需特别注意,纵筋屈曲的破坏模式有两种:一种是一个箍筋范围内的屈曲,一种是跨越多个箍筋范围的屈曲,破坏形式如图 6-4 所示。为了防止纵向受压钢筋的屈曲,矩形箍筋和螺旋箍筋的间距不应过大。

为了防止纵向钢筋在塑性铰区受压屈曲,欧洲标准规定了横向箍筋的最小间距和最小数量,参见 EN 1998-2 第 6.2.2 条。

试验研究表明:沿截面布置若干分布适当的纵筋,纵筋和箍筋形成一整体骨架(图 6-5),当混凝土纵向受压、横向膨胀时,纵向钢筋也会受到混凝土的压力,这时箍筋给予纵向钢筋约束作用。因此,为了确保对核心混凝土的约束作用,墩柱的纵向钢筋宜对称布置,纵向钢筋之间的距离不应超过 20cm，至少每隔一根宜用箍筋或拉筋固定。中国标准 JTG/T B02-01—2008 在第 8.1节对箍筋的设置也有比较详细的规定。

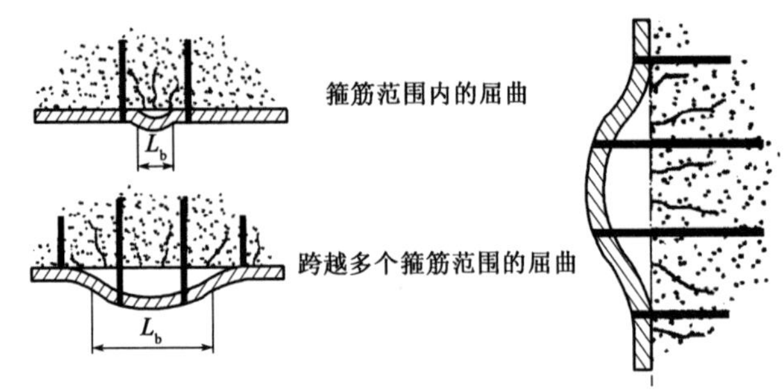

图 6-4　纵向钢筋屈曲破坏形式

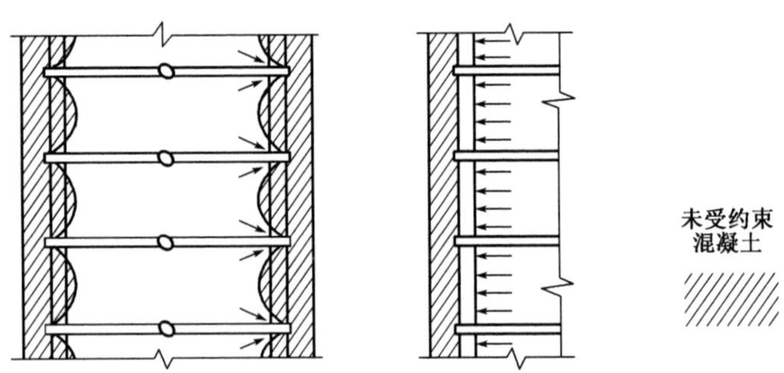

图 6-5　柱中纵向和横向钢筋的约束作用

6.2.3　其他规定

欧洲标准规定，由于塑性铰区可能出现混凝土表层的脱落，箍筋末端应做成 135°弯勾，且伸入核心混凝土的深度不小于 10 倍箍筋直径。对于潜在塑性铰区的螺旋钢筋接头，必须采用机械连接或焊接，而且采用搭接焊时，应等强度焊接。与塑性铰区相邻的过渡区箍筋用量应不低于塑性铰区箍筋用量的 50%。在塑性铰区，纵向钢筋不应搭接和焊接。

中国标准 JTG/T B02-01—2008 第 8.1.1 条第 4 款规定，对于抗震设防烈度 7 度及 7 度以上地区，螺旋式箍筋的接头必须采用对接，矩形箍筋应有 135°弯勾，并伸入核心混凝土之内 $6d_s$ 以上。

6.2.4　空心桥墩

EN 1998-2 第 6.2.4 条对空心桥墩塑性铰的相关要求进行了规定：

(1)除非提供适当的验算，在单室或者多室截面空心墩塑性铰区域(长度 L_h 根据 EN 1998-2 第 6.2.1.5 条确定)，净宽 b 和壁厚度 h 的比值 b/h 不应大于 8。

(2)对于空心圆柱墩，(1)中的限制条件 b/h 替换为 D_i/h，其中 D_i 为内径。

(3)对于单室或者多室箱形截面的桥墩，如果 EN 1998-2 式(6.1)中定义的比值 η_k 不超过 0.20，不需要按照 EN 1998-2 第 6.2.1 条进行约束钢筋的验算，但是必须满足 EN 1998-2 第 6.2.2条的要求。

在地震低烈度区，上述规定不做要求，但是要参照 EN 1998-2 第 2.3.7(1)条中的注释，即采用统一的设计准则。

JTG/T B02-01—2008 第 8.1.6 条规定了空心桥墩潜在塑性铰区域内加密箍筋的配置：

(1)应配置内外两层环形箍筋，在内外两层环形箍筋之间应配置足够的拉筋，如图 6-6 所示。

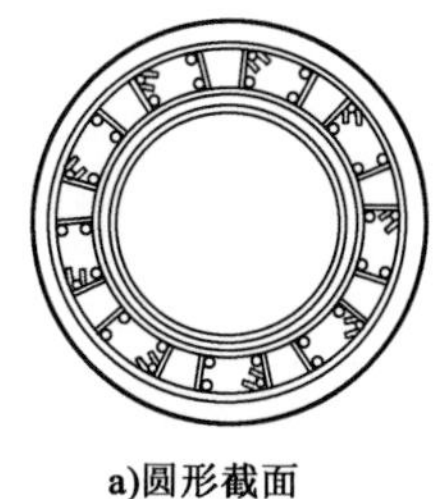
a)圆形截面

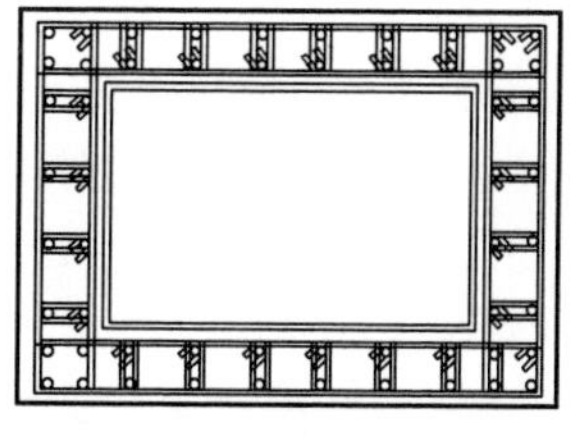
b)矩形截面

图6-6 常用空心截面类型

(2)加密箍筋的配置应满足本书6.2.3节和6.2.4节的规定(JTG/T B02-01—2008第8.1.1条和第8.1.2条)。

比较中欧标准可以发现,欧洲标准的规定更为具体,且有量化指标。

6.3 钢桥墩

对于钢桥墩,EN 1998-2规定,当设计成延性性能的桥梁时,应使用EN 1998-1:2004第6.5节、6.6节、6.7节和6.8节的细部构造规定,并满足EN 1998-2第5.7节的相关规定。

6.4 基础

6.4.1 扩展基础

EN 1998-2第6.4.1条规定,扩展基础(如底座、筏基、沉箱以及墩等)等在设计地震作用下不应进入塑性阶段,因而不要求提供特别的构造钢筋。

JTG/T B02-01—2008没有类似规定。

6.4.2 桩基础

EN 1998-2要求尽量不在桩中出现塑性铰,当桩中无法避免地出现局部塑性铰时,应采用能力设计流程(参见EN 1998-2第5.3节),并应确保桩的整体性和延性。在这种情况下,应满足下列规定:

沿桩分布的下列位置的截面可按塑性铰来设计:

(1)在承台附近的桩顶,当承台绕水平地震作用方向的转动受到群桩在该方向较较大的刚度约束时。

(2)桩中弯矩最大处的截面,该截面深度应通过分析确定,必须考虑桩的有效弯曲刚度(参见EN 1998-2第2.3.6.1条)、侧向土刚度以及群桩在承台处的转动刚度。

(3)在土层具有明显不同剪切变形特点的界面。

(4)除非采用更精确的分析,在上述第(2)条桩中最大弯矩截面两侧或第(3)条所述界面的两侧,应在沿两倍桩直径的长度范围内布置纵向钢筋和约束钢筋。

JTG/T B02-01—2008没有类似规定,但是对于特殊类型的桥梁,第9.1.4条规定,当采用桩基础时,应考虑桩-土-结构相互作用对桥梁地震效应的影响。

6.5 有限延性结构

6.5.1 临界截面延性的验算

在EN 1998-2中,为了保证有限延性结构的最小延性性能,第6.5.1(2)条规定,除地震低裂度区的桥梁外,有限延性性能结构($q \leqslant 1.5$)的控制截面按照式(6-12)确定[参见 EN 1998-2 式(6.11)]。

$$\frac{M_{\mathrm{Rd}}}{M_{\mathrm{Ed}}} < 1.30 \tag{6-12}$$

式中:M_{Ed}——地震设计状况下截面的最大设计弯矩;

M_{Rd}——地震设计状况下截面的最小弯曲抗力。

EN 1998-2 规定,潜在塑性铰位置应便于检查,且按照 EN 1998-2 第 6.2 节中的规定设置约束钢筋,除非按照第 6.2.1.1(3)条的规定不需要设置。

JTG/T B02-01—2008 没有类似规定。

6.5.2 防止特殊非延性构件脆性破坏

非延性构件(如固定支座、插槽、缆索的锚头、系杆及其他非延性连接件)应采用地震作用效应乘以分析中使用的系数 q,或者采用能力设计效应进行设计。后者应通过有关延性构件的强度以及至少 1.3 的超强系数来确定。如果能表明结构的整体性不受连接失效的影响,可以不进行验算。

6.6 支座和抗震连接

6.6.1 一般规定

EN 1998-2 第 6.6.1 条规定了支座和抗震连接件的一般要求,主梁上的非地震水平作用应通过结构连接件转移到支撑构件上(桥台或桥墩)。对于非地震作用,支座应按照有关的标准验算(EN 1992 相关部分以及 EN 1337)。对于地震作用,则要求通过支座来转移。然而,如果动力冲击效应可以减轻并在设计中考虑,则地震连接(如 EN 1998-2 第 6.6.3 条的规定)应用于传递整个设计地震作用时,至少应对使用的连接结构进行力-位移关系的线性近似估算(图 6-7)。

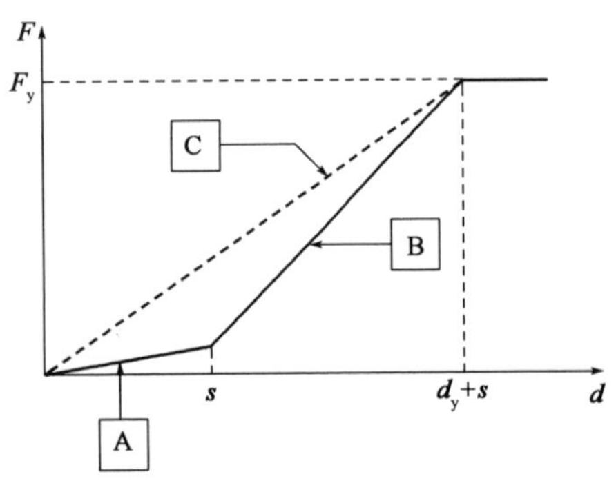

图 6-7 连接结构的力-位移关系

s-连接的松弛;d_y-支承构件的屈服变形;A-支座刚度;B-支撑构件的刚度;C-曲线的线性近似

EN 1998-2 第 6.6.1(4)条规定,所有桥梁的支座和抗震连接件应当易于接近,并易于更换。JTG/T B02-01—2008 第 10.1.8 条规定了减隔震装置的类似要求,构造宜尽可能简单、性能可靠,应在其性能明确的范围内使用,并进行定期维护和检查;应考虑减隔震系统的可更换性要求。

6.6.2 支座

在桥梁结构中,支座是桥梁上、下部结构的连接点,其作用是将上部结构的荷载舒适、安全地传递到桥梁墩台上去,同时保证上部结构在荷载、温度变化、混凝土收缩等因素作用下自由变形,以便使结构的实际受力情况符合计算图式,并保护梁端、墩台帽不受损伤。这就要求它具有足够的竖向刚度和弹性,能将桥梁上部结构的全部荷载可靠地传递到墩台上,并同时承受由荷载作用引起的桥跨结构端部的水平位移、转角和变形,减轻和缓解桥墩承受的震动,适应因温度、湿度变化引起的桥跨结构胀缩。以往的桥梁震害中,支座破坏引起桥梁结构塌落毁坏屡见不鲜,它历来被认为是桥梁整体抗震性能上的一个薄弱环节。

6.6.2.1 欧洲标准

EN 1998-2 中,分别对固定支座、活动支座和弹性支座进行了相关规定。对于固定支座,其设计地震作用效应应通过能力设计确定,除非更换方便且有抗震连接件作为第二道抗震防线。对于活动支座,则需按式(6-13)验算其总的位移值 d_{Ed}[参见 EN 1998-2 第 2.3.6.3(2)P 条]。

$$d_{Ed} = d_E + d_G + \psi_2 d_T \tag{6-13}$$

式中:d_E——根据 EN 1998-2 第 2.3.6.1 条定义的设计地震位移;

d_G——由于永久和准永久作用引起的长期位移(如混凝土桥面后张、收缩和徐变);

d_T——温度变形引起的位移;

ψ_2——温度作用准永久值组合系数,根据 EN 1990:2002 表 A2.1、表 A2.2 或表 A2.3 确定。

EN 1998-2 中规定,设置弹性支座的桥梁的抗震特性,取决于支座的弹性,具体的设计原则参见 EN 1998-2 第 7 章。

6.6.2.2 中国标准

JTG/T B02-01—2008 分别对 D 类桥梁和 B、C 类桥梁的支座的抗震验算进行了规定,对于 D 类桥梁、圬工拱桥、重力式桥墩和桥台,只要求进行 E1 地震作用下的地震验算,对于板式橡胶支座,需要验算其支座厚度和滑动性能;对于盆式支座,活动盆式支座需验算其水平位移,固定盆式支座需验算其能承受的最大水平力,具体参见 JTG/T B02-01—2008 第 7.5 节。但对于支座,如只进行 E1 地震作用下的验算,可能导致在 E2 地震作用下支座破坏,造成落梁,因此,对于支座需要考虑 E2 地震作用下不破坏。但为了简化计算,在进行 D 类桥梁、圬工拱桥、重力式桥墩等的支座抗震验算时,虽然只进行 E1 地震作用下的地震反应分析,但采用一个支座调整系数 α_d 来考虑 E2 地震作用效应。通过大量分析,建议取 $\alpha_d = 2.3$。

对于 B、C 类桥梁的支座的抗震验算,验算内容和 D 类桥梁类似,具体参见 JTG/T B02-01—2008 第 7.5 节。

6.6.3 抗震连接器、限位装置和冲击传递装置

6.6.3.1 抗震连接器

由于地震作用的不可预见性,出于安全的考虑,在可能发生更大烈度地震的地区,还需要在桥梁上安装抗震连接器。抗震连接器是在支座的支承功能丧失以后,桥梁上、下部结构之间可能产生较大相对变位时,防止落梁的最终安全装置,属于第二线保护装置,其常见构造如图 6-8 所示。

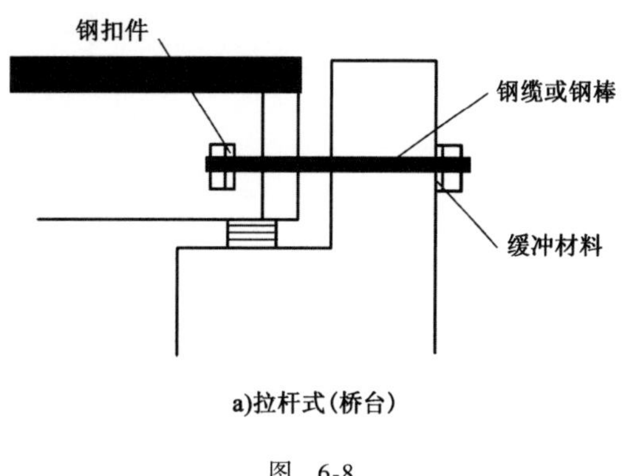

a)拉杆式(桥台)

图 6-8

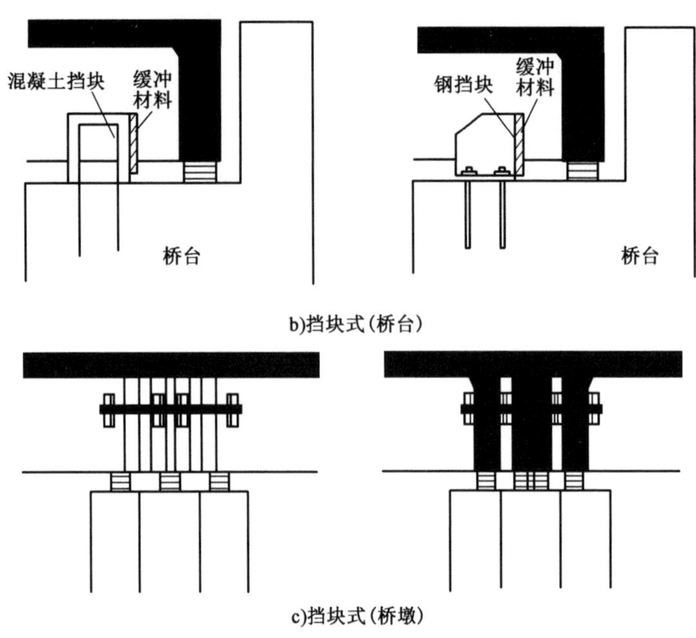

b)挡块式(桥台)

c)挡块式(桥墩)

图 6-8　抗震连接器常见构造

1)欧洲标准

EN 1998-2 第 6.6.3.1 条规定,抗震连接器可以由剪切关键件、缓冲垫、连接螺栓和/或缆索组成。摩擦连接器被视为有效连接。此外,还规定以下四种情况下必须设置抗震连接器:

(1)与弹性支座组合,其中连接器用来承受设计地震作用。

(2)与不是用于能力设计效应的固定支座组合。

(3)在主梁和桥台或者加固的现有桥梁桥墩之间伸缩缝的纵向(如果第 6.6.4 条中最小支撑长度的要求不满足)。

(4)在中间分割点的主梁相邻截面之间(位于桥跨内)。

2)中国标准

JTG/T B02-01—2008 有类似规定,第 11.3.3 条规定桥台胸墙应适当加强,并在梁与梁之间和梁与桥台胸墙之间加装橡胶垫或其他弹性衬垫,以缓和冲击作用和限制梁的位移。其构造示意如图 6-9 所示。第 11.3.4 条规定,桥面不连续的简支梁(板)桥,宜采用挡块、螺栓连接和钢夹板连接等防止纵横向落梁的措施。连续梁和桥面连续简支梁(板)桥,应采取防止横向产生较大位移的措施。

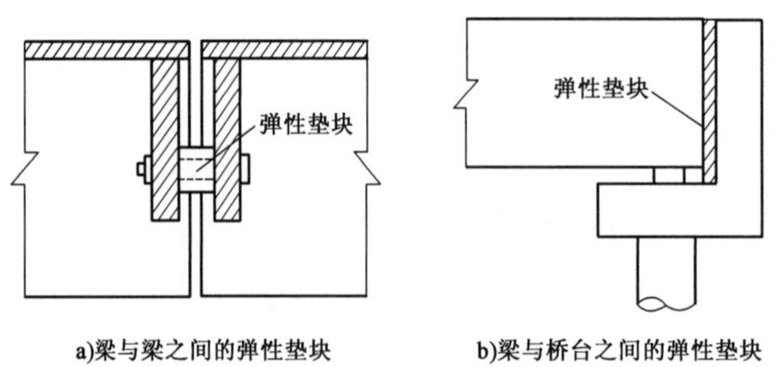

a)梁与梁之间的弹性垫块　　b)梁与桥台之间的弹性垫块

图 6-9　弹性垫块构造示意图

JTG/T B02-01—2008 第 11.4.3 条规定,8 度区应采用合理的限位装置,防止结构相邻构件产生过大的相对位移。第 11.4.4 条规定,梁桥活动支座,不应采用摆柱支座;当采用辊轴支座时,应采取限位措施。

6.6.3.2 限位装置

使用横向和纵向限位装置可以实现桥梁结构的内力反应和位移反应之间的协调。通常,限位装置的间隙小,内力反应增大,而位移反应减小;相反,若限位装置的间隙大,则内力反应减小,位移反应增大。横向和纵向限位装置的使用应使内力反应和位移反应达到某种平衡。另外,桥轴方向的限位装置移动能力应与支承部分相适应。限位装置的设置不得妨碍防落梁构造功能的发挥。

设置限位装置的目的之一是保证在中小地震作用下不因位移过大导致伸缩缝等连接部件发生损坏。限位装置是防落梁系统的第一线保护装置,其常见构造主要有锚固钢棒式和挡块式,如图6-10所示。

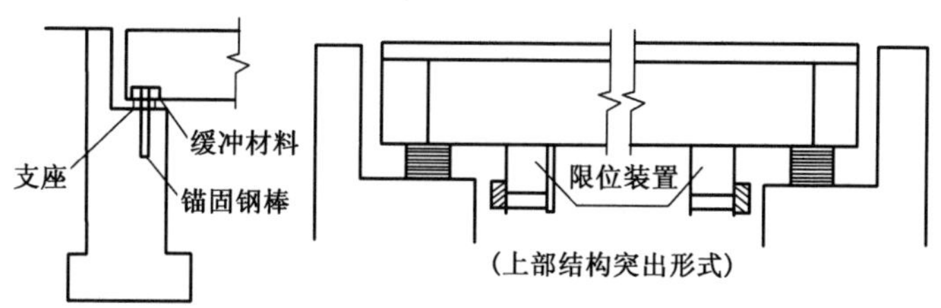

图6-10 常见的限位装置

1)欧洲标准

EN 1998-2第6.6.3.2条规定,如果设计地震作用引起的总竖向反力为反向并超过由永久荷载产生的受压反力(向下)的百分比 P_H,应设置限位装置:

(1)延性桥梁中,$P_H=80\%$,其中设计地震作用引起的竖向作用按照能力设计效应确定。

(2)约束延性桥梁中,$P_H=50\%$,其中设计地震作用引起的竖向反力通过单独的设计地震作用下的分析确定(包括竖向地震分量的贡献)。

2)中国标准

JTG/T B02-01—2008在第11.4.3条的条文说明中对限位装置进行了解释,规定限位装置可使用与图6-11类似的结构。

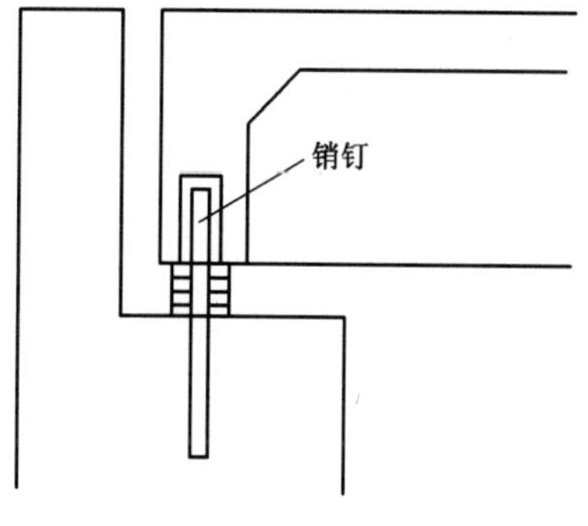

图6-11 锚杆或栓钉式限位装置

6.6.3.3 冲击传递装置

冲击传递装置(STUs)为在主梁和支撑构件(桥墩或者桥台)之间相对位移提供速度控制限制的约束装置。

(1)对于低速运动($v<v_1$),例如由于温度效应或者主梁的徐变和收缩产生的运动,实际上是自由运动(反力非常小)。

(2)对于高速运动($v>v_2$),例如由地震或汽车制动产生的运动,该运动受到限位装置的阻止,此时装置表现为刚性连接效果。

(3)冲击传递装置同样具有限制力的作用,在 $v>v_2$ 时该装置将防止传递到它的力超过某一预定上限值,如果超过这个上限值,主梁将会发生滑动。

注:STUs的性质和设计要求在pr EN 15129:200X(抗震装置)中进行了规定。上面提到的速度大小为 $v_1\approx0.1\text{mm/s}$,$v_2\approx1.0\text{mm/s}$。

JTG/T B02-01—2008没有类似规定。

6.6.4 梁端支承长度

梁端支承长度是指在超过预期强度的地震作用下,假定不用限位装置时,防止上部结构从下部结构顶部脱落而需要确保的梁端到下部结构支承边缘的距离。梁式桥中最严重的震害就是落梁,而桥梁上部结构落梁是桥梁倒塌的主要原因。在地震作用下,当桥墩伸缩缝处墩梁相对位移超过梁体的支承长度时,就会发生落梁的破坏。

因此,避免落梁最简单的方法就是通过抗震设计预留足够的支承长度。支承长度是假定不用限位装置时,在基于场地的最大置信地震(罕遇地震)作用下防止落梁的最小搁置长度。各国的抗震设计标准中,如美国、日本及欧洲等国的桥梁标准中都有详细的支承长度设计方法。然而,JTG/T B02-01—2008 仅给出了简支梁的一个最小支承长度经验公式。

6.6.4.1 欧洲标准

EN 1998-2 第 6.6.4(3)条规定了最小的支承长度 l_{ov},按如下公式进行设计:

$$l_{ov} = l_m + d_{eg} + d_{es} \tag{6-14}$$

$$d_{eg} = \varepsilon_e L_{eff} \leqslant 2d_g \tag{6-15}$$

$$\varepsilon_e = \frac{2d_g}{L_g} \tag{6-16}$$

式中:l_m——保证传递结构竖向反力的最小支承长度,且不小于 40cm;

d_{eg}——结构两部分由于不同的地面位移引起的有效拟静力位移,如果桥梁位于距已知地震源小于 5km 的位置,且可能发生震级 $M \geqslant 6.5$ 的地震,则除非能够进行特定的地震学研究,否则所使用的 d_{eg} 值应取为按式(6-15)得出的值的两倍;

d_g——按照 EN 1998-1:2004 第 3.2.2.4 条确定的设计地面位移;

L_g——EN 1998-2 第 3.3(6)条中规定的距离参数;

L_{eff}——主梁有效长度,等于主梁节点到最近的支座处的距离。如果主梁被完全连接到一组桥墩上,则 L_{eff} 应取等于支点和桥墩组中心的距离;在本书中,“完全连接”意思是主梁或主梁截面与下部结构构件的连接,可以是整体式的,或者通过固定支座、抗震连接或没有作用力减小的冲击传递装置(STUs)连接;

d_{es}——地震引起的有效支座位移。

对于一般的桥梁,d_{es} 应按式(6-17)、式(6-18)进行计算:

(1)对于以整体式或通过作为完全抗震连接的固定支承连接于桥墩的桥面:

$$d_{es} = d_{Ed} \tag{6-17}$$

(2)对于通过松弛量为 s 的抗震连接件连接至桥墩或桥台的桥面:

$$d_{es} = d_{Ed} + s \tag{6-18}$$

式中:d_{Ed}——按照 EN 1998-2 第 2.3.6.3 条中式(2.7)确定的地震设计状况下的总纵向位移设计值;

s——抗震连接器的松弛量。

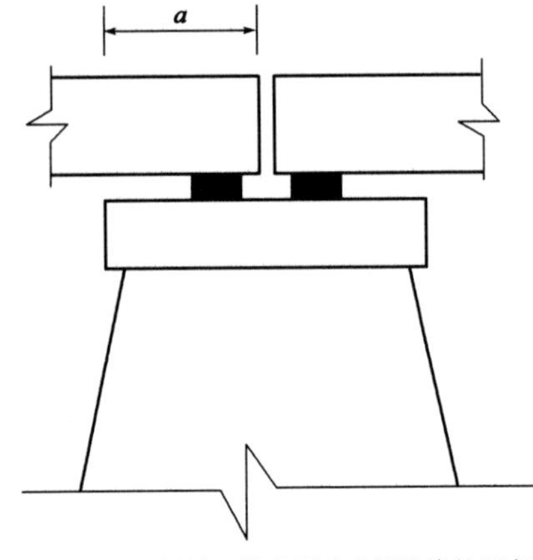

图 6-12 梁端至墩台帽或盖梁边缘的距离

对位于主梁两个截面之间的中间接头长度 l_{ov},应取主梁两个截面按照 EN 1998-2 第 6.6.4(3)条计算值平方和的开方估计。在中间墩上桥面截面的端支承处 l_{ov} 应等于按照 EN 1998-2 第 6.6.4(3)条款计算的值再加上地震设计状况下墩顶的最大位移 d_E 之和。

6.6.4.2 中国标准

JTG/T B02-01—2008 仅在抗震措施中规定了简支梁的最小支承长度公式,第 11.2.1 条规定,6 度区简支梁梁端至墩、台帽或盖梁边缘应有一定的距离(图 6-12,参见 JTG/T B02-01—2008 图 11.2.1)。其最小值 a(cm)按式(6-19)计算:

$$a \geqslant 70 + 0.5L \tag{6-19}$$

式中：L——梁的计算跨径（m）。

第 11.2.2 条和第 11.2.3 条还规定斜梁桥和曲线梁桥的桥梁（板）端至墩、台帽或盖梁边缘的最小距离 α，具体参见 JTG/T B02-01—2008 第 11.2 节。

欧洲标准对于支承长度的设计给出了详细的位移设计方法，而中国标准仅给出了简支梁的一个最小支承长度的经验公式，没有给出详细的设计方法，而且计算式中未考虑墩身高度、支座刚度等因素的影响。

6.7 混凝土桥台和挡土墙

6.7.1 与主梁柔性连接的桥台

EN 1998-2 规定，与主梁柔性连接的桥台，主梁通过滑动或者弹性支座支撑。弹性支座（或者抗震连接件，若有），应设计用于转移主梁地震力，但是不能转移桥台上的地震力。

JTG/T B02-01—2008 也有类似规定，参见本书第 6.6.3.1 节（JTG/T B02-01—2008 第 11.3.3条）。

6.7.2 与主梁刚性连接的桥台

在欧洲标准中，对与主梁刚性连接的桥台有详细的规定。如果是整体式的，或者通过固定支座，或者通过设计来承受地震作用的连接，桥台与主梁之间的连接认为是刚性的。这种桥台在纵向和横向都分担了很大一部分地震抗力。分析模型应考虑土和桥台的相互作用效应。当桥梁的地震抗力通过桥墩和桥台提供，推荐使用土刚度上下限值，以达到对桥台和桥墩偏安全的结果，而且在分析时性能系数 q 取 1.5，并且对计算荷载的选取、设计计算位移等都进行了规定。

JTG/T B02-01—2008 没有类似规定。

6.7.3 JTG/T B02-01—2008 关于桥台抗震验算的规定

JTG/T B02-01—2008 第 7.2.1 条规定，顺桥向和横桥向 E1 地震作用效应和永久作用效应组合后，应按现行公路桥涵设计标准相关规定验算重力式桥墩、桥台、圬工拱桥主拱及基础的强度、偏心、稳定性。第 5.5.1 条规定，E1 地震作用抗震设计阶段，应考虑地震时动水压力和主动土压力的影响，其中地震土压力按照 JTG/T B02-01—2008 附录 D 规定计算。

1）主动土压力

黏性填土的地震主动土压力按式（6-20）计算：

$$E_{ca} = \left[\frac{1}{2}\gamma H^2 + qH\frac{\cos\alpha}{\cos(\alpha-\beta)}\right]K_a - 2cHK_{ca} \tag{6-20}$$

式中：γ——黏性填土重度（kN/m^3）；

H——桥台高（m）；

q——滑裂楔体上的均布荷载（kN/m）；

α——桥台背面与竖直方向之间的夹角（°）；

β——填土表面与水平面的夹角（°）；

c——黏性填土的黏聚力系数；

K_{ca}——系数，$K_{ca} = \dfrac{1-\sin\varphi}{\cos\varphi}$；

K_a——地震主动土压力系数。

$$K_a = \frac{\cos^2(\varphi - \alpha - \theta)}{\cos\theta \cos^2\alpha \cos(\alpha + \delta + \theta)\left[1 + \sqrt{\frac{\sin(\varphi + \delta)\sin(\varphi - \beta - \theta)}{\cos(\alpha - \beta)\cos(\alpha + \delta + \theta)}}\right]^2} \tag{6-21}$$

式中：φ——填土的内摩擦角(°)；

δ——填土与桥台背面的内摩擦角(°)；

θ——地震角，按表 6-2 取值。

地震角取值 表 6-2

抗震设防烈度		7 度	8 度	9 度
地震角 θ(°)	水上	1.5	3.0	6.0
	水下	2.5	5.0	10.0

地震土压力计算示意图如图 6-13 所示。

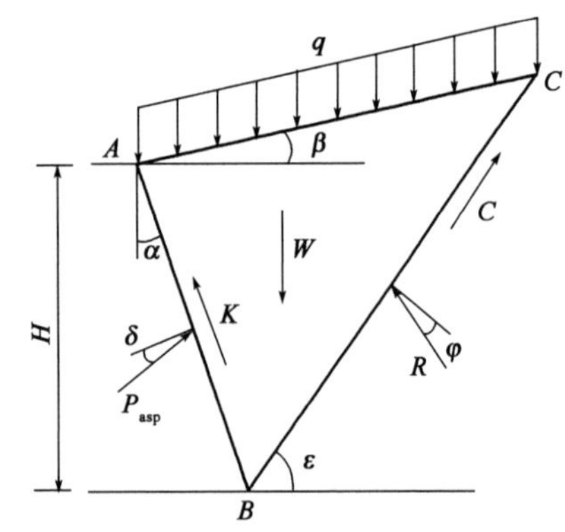

图 6-13 地震土压力计算示意图

桥台后填土无黏性时，地震时作用于桥台台背的主动土压力也可按下列简化公式计算，作用点位于距台底 0.4H处：

$$E_{ea} = \frac{1}{2}\gamma H^2 K_A\left(1 + \frac{3C_iA}{g}\tan\varphi\right) \tag{6-22}$$

式中：K_A——非地震条件下作用于台背的主动土压力系数，$K_A = \frac{\cos^2\varphi}{(1+\sin\varphi)^2}$；

C_i——抗震重要性系数；

其余符号意义同前。

当判定桥台地表以下 10m 深度范围内有液化土层或软土层时，桥台基础应穿过液化土层或软土层；当液化土层或软土层超过 10m 时，桥台基础应埋深至地表以下 10m 处。其作用与桥台台背的主动土压力应按式(6-23)计算：

$$E_{ea} = \frac{1}{2}\gamma H^2\left(K_A + \frac{2C_iA}{g}\right) \tag{6-23}$$

抗震设防烈度为 9 度地区的液化区，桥台宜采用桩基。其作用于台背的主动土压力可按式(6-23)计算。

2)水平地震力

作用在桥台重心处的水平地震力可按式(6-24)计算：

$$E_{hau} = C_iC_sC_dAG_{au}/g \tag{6-24}$$

式中：C_i——抗震重要性系数；

C_s——场地系数；

C_d——阻尼系数，详见 JTG/T B02-01—2008 表 3.1.4-2、表 5.2.2 和式(5.2.4)；

A——水平方向设计基本地震加速度峰值，按 JTG/T B02-01—2008 表 3.2.2 取值；

G_{au}——基础顶面以上台身的重力。

对于修建在岩基上的桥台，其水平地震力可按式(6-24)计算值的 80% 采用。验算设有固定支座的梁桥桥台时，还应计入由上部结构所产生的水平地震力，其值按式(6-24)计算，但 G_{au} 取一孔梁的重力。

6.8 塑性铰长度计算实例

塑性铰长度不同，直接影响结构的自震周期以及其耗能能力。在地震荷载作用下，塑性铰长度影响结构的地震响应,从而影响结构的延性性能。因此,对国内外不同标准的塑性铰长度进行比较是很有必要的。

算例:某简支梁桥,主梁为24m单箱单室梁,圆形桥墩高度为13m,纵筋采用34根$\Phi36$。上部梁质量为225t。桥墩截面直径为1.3m。该桥位于Ⅱ类场地土,地震分组为第三区,墩身混凝土强度等级为C30,纵向钢筋标号为HRB335,横向钢筋强度等级为R235。C30混凝土的抗压强度标准值$f_{ck}=20.1\text{MPa}$,设计值$f_{cd}=13.8\text{MPa}$,弹性模量$E_S=3.0\times10^4\text{MPa}$;HRB335钢筋抗拉和抗压强度标准值$f_{yk}=335\text{MPa}$,设计值为$f_{yd}=280\text{MPa}$,弹性模量$E_S=2.0\times10^5\text{MPa}$;R235钢筋抗拉和抗压强度标准值$f_{yk}=235\text{MPa}$,设计值$f_{yd}=195\text{MPa}$,弹性模量$E_S=2.1\times10^5\text{MPa}$。

分别采用JTG/T B02-01—2008和EN 1998-2对等效塑性铰长度进行计算。

解:

1)JTG/T B02-01—2008

根据JTG/T B02-01—2008第7.4.3条规定,等效塑性铰长度取下列两式计算结果的较小值:

$$L_p=0.08H+0.022f_y d_s\geqslant0.044f_y d_s$$

$$L_p=\frac{2}{3}b$$

式中:H——悬臂墩的高度或塑性铰截面到反弯点的距离(cm);

b——矩形截面的短边尺寸或圆形截面直径(cm);

f_y——纵筋抗拉强度标准值(MPa);

d_s——纵筋直径(cm)。

圆形桥墩高度为13m,直径为1.3m,纵筋采用34根$\Phi36$,故:

$$L_p=\min\{130.53,86.67\}=86.67(\text{cm})$$

2)EN 1998-2

根据EN 1998-2的规定,取下列两式计算结果的较大值:

$$L_h=(0.4\sim0.6)H$$

$$L_h=0.1L+0.015d_s f_{yk}$$

式中:H——矩形截面的短边尺寸或圆形截面直径(cm);

L——最大弯矩到反弯点的距离(cm);

d_s——纵筋直径(cm);

f_{yk}——纵筋的名义屈服强度(MPa)。

$$L_h=\max\{52\sim78,148.09\}=148.09(\text{cm})$$

6.9 本章小结

本章分别对混凝土桥墩、钢桥墩、基础、有限延性结构、支座和抗震连接以及混凝土桥台和挡土墙的细部设计进行了详细的对比分析,重点介绍了塑性铰的长度和设置,最后通过一个塑性铰的计算实例进行中欧标准的对比。

第7章 带隔震装置的桥梁

7.1 一般规定

把结构和可能引起破坏的地面运动尽量地分离开来就是隔震的本质与目的。为了达到这个目的，可以通过延长结构基本周期、减小地震能量输入来降低结构的地震力。但是如果通过延长结构周期来达到折减地震作用的目的，必然将伴随着结构位移的增大，从而将会带来设计上的困难。另外，因为结构较柔，在正常使用荷载作用下，结构也可能发生有害振动。为了能够控制过大的变形，可以通过在结构中布设阻尼装置来增大阻尼，从而减小结构位移，增大结构的阻尼同时还可以减小结构的动力加速度。

EN 1998-2 第 7.1(1)条定义了欧洲带隔震装置的桥梁设计的适用范围和隔震装置的设置位置与原则，并规定了三种可以降低地震响应的方式，这一点和 JTG/T B02-01—2008 是较为类似的，JTG/T B02-01—2008 第 10.1 节对隔震桥梁的一般规定进行了详尽的规定。

相对于 JTG/T B02-01—2008，EN 1998-2 对桥梁的构造要求特别重视，基本上主要的构件均有详尽的构造要求（在 EN 1998-2 中，每个桥梁构件均有具体解释和注意事项）。

JTG/T B02-01—2008 对桥梁间隔震设计非常重视，专门分出一个章节（第 10 章）进行阐述，但篇幅只有 2 页，仅提出了框架性的理论和要求，没有像 EN 1998-2 那样进行详细的规定和说明。

7.2 定义

EN 1998-2 第 7.1 节定义了与隔震桥梁设计相关的 14 个专业术语，分别为隔震系统、隔震装置（或隔震器）、下部结构、上部结构、等效刚度中心、主要方向上隔震系统的设计位移 d_{cd}、隔震器 i 的设计位移 d_{bi}、隔震器 i 增加的设计位移 $d_{bi,a}$、隔震器 i 的最大总位移、主要方向上隔震系统的等效刚度、等效周期、隔震系统的等效阻尼、简单低阻尼弹性支座和特殊弹性支座。

JTG/T B02-01—2008 也有类似定义，详见第 2.1.1 ~ 2.1.23 条。

7.3 基本要求和应遵守的准则

总的来讲，桥梁的隔震装置系统应该满足以下三个基本功能：

(1)必要的柔度（柔性支承）：用于延长结构周期，降低地震力。

(2)耗能能力（阻尼、耗能装置）：用于降低支承面处的相对变形，从而使位移在设计的允许范围之内。

(3)必要的刚度和屈服力:使结构在正常使用荷载下(如风、制动力)不发生屈服、不发生有害振动。

EN 1998-2 第 7.3 节规定了隔震桥梁所需要满足的基本要求和相关准则,首先必须满足第 2.2 节中的基本要求,其次规定上下部结构均应假设为约束延性,且 $q \leq 1.5$,此外,还规定,在采用本标准第 7.4 节和第 7.5 节规定的地震作用与分析步骤进行建模后,如果满足第 7.6 节中的检验标准和第 7.7 节中的特殊要求,那么就可以认为设计符合要求。

JTG/T B02-01—2008 第 10.1 节对减隔震桥梁设计的一些基本规定和要求进行了介绍,主要包括减隔震桥梁的适用范围、地震作用、设计要求及相关的检修更换措施等。

7.4 地震作用

EN 1998-2 第 7.4 节规定了减隔震设计中采用的地震作用,设计反应谱不得低于EN 1998-1 第 3.2.2.2 条规定的有关非隔震结构的弹性反应谱,并且对周期 T_D 值的采用进行了特别强调。另外还规定时程表示法应当适用 EN 1998-2 第 3.2.3 条的规定。

JTG/T B02-01—2008 以下几条对地震作用进行了说明:第 10.1.4 条规定,减隔震设计的桥梁应针对 E1 地震作用和 E2 地震作用分别进行设计与验算;第 10.1.6 条规定,减隔震设计的桥梁,其基本周期原则上应为不采用减隔震装置时基本周期的两倍以上;第 10.1.7 条规定,减隔震桥梁抗震分析时,可分别考虑顺桥向和横桥向的地震作用,位于抗震设防烈度 8 度、9 度区的桥梁,应按本细则第 5.1.1 条的规定,考虑竖向地震效应和水平地震效应的不利组合。

7.5 分析方法与建模

7.5.1 欧洲标准

EN 1998-2 第 7.5 节规定带有隔震装置的桥梁应采用三种分析方法:基本模态分析、多模态谱分析和时程非线性分析。同时,第 7.5.1(3)条规定,如果隔震系统只包括简单低阻尼弹性支承,则可采用 EN 1998-2 第 4.2 节规定的标准线性动力分析法。

EN 1998-2 第 7.5.2 条规定了隔震系统的相关设计属性,主要包括竖向刚度、水平方向设计性能及劣化等。

EN 1998-2 第 7.5.3 条给出了各种分析方法的使用条件。

7.5.1.1 基本模态分析法

EN 1998-2 第 7.5.4(1)条规定,采用基本模态分析法时,应在所有情况下使用刚性桥面模型,且每个主方向上穿过分隔界面传递的剪力应考虑将上部结构作为单自由度体系,并使用下列参数值来决定:

隔震系统的有效刚度:K_{eff};

隔震系统的有效阻尼:ξ_{eff};

上部结构质量:M_d。

对应于有效周期 T_{eff}的频谱加速度 $S_e(T_{eff},\eta_{eff})$(见 EN 1998-1 第 3.2.2.2 条),其中$\eta_{eff}=\eta(\xi_{eff})$,应按下列各式确定这些参数值:

有效刚度 K_{eff}:

$$K_{eff}=\sum K_{eff,i} \tag{7-1}$$

式中:$K_{eff,i}$——隔震装置和相应第 i 个下部结构(桥墩)的组合刚度。

有效阻尼 ξ_{eff}：

$$\xi_{\mathrm{eff}}=\frac{1}{2\pi}\left(\frac{\sum E_{\mathrm{D},i}}{K_{\mathrm{eff}}d_{\mathrm{cd}}^{2}}\right) \tag{7-2}$$

式中：$\sum E_{\mathrm{D},i}$——在设计位移 d_{cd} 处一次完整变形循环内所有隔震装置 i 的能量耗散之和。

有效周期 T_{eff}：

$$T_{\mathrm{eff}}=2\pi\sqrt{\frac{M_{\mathrm{d}}}{K_{\mathrm{eff}}}} \tag{7-3}$$

加速度、设计位移与有效周期的关系见表 7-1 和图 7-1。

有效周期 T_{eff}、频谱加速度 S_{e} 和设计位移 d_{cd} 表 7-1

T_{eff}	S_{e}	d_{cd}
$T_{\mathrm{C}}\leqslant T_{\mathrm{eff}}\leqslant T_{\mathrm{D}}$	$2.5\dfrac{T_{\mathrm{C}}}{T_{\mathrm{eff}}}\eta_{\mathrm{eff}}a_{\mathrm{g}}S$	$\dfrac{T_{\mathrm{eff}}}{T_{\mathrm{C}}}d_{\mathrm{C}}$
$T_{\mathrm{D}}\leqslant T_{\mathrm{eff}}\leqslant 4\mathrm{s}$	$2.5\dfrac{T_{\mathrm{C}}T_{\mathrm{D}}}{T_{\mathrm{eff}}^{2}}S\eta_{\mathrm{eff}}a_{\mathrm{g}}$	$\dfrac{T_{\mathrm{D}}}{T_{\mathrm{C}}}d_{\mathrm{C}}$

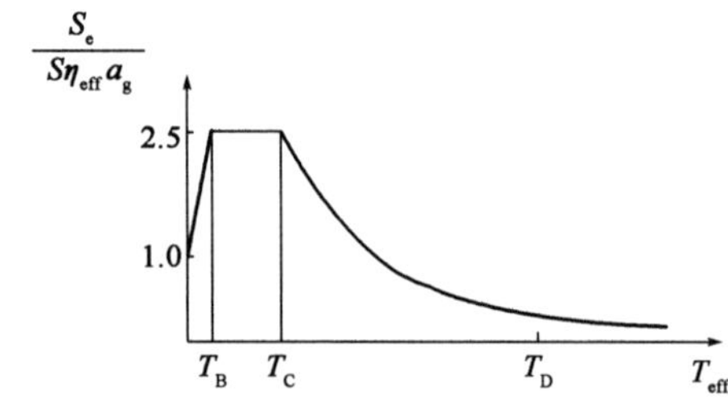

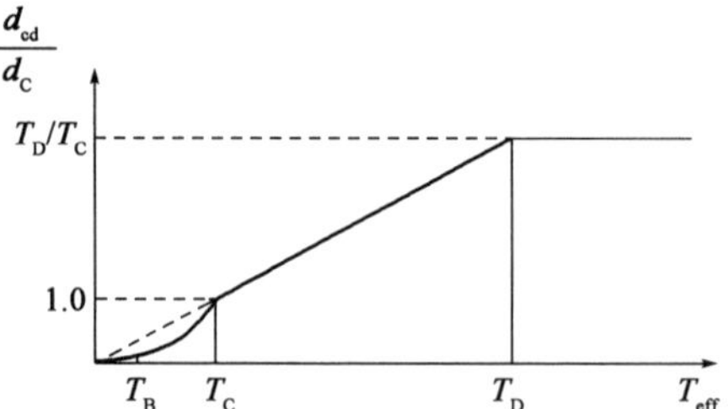

图 7-1 加速度和位移反应谱

其中：

$$a_{\mathrm{g}}=\gamma_{\mathrm{I}}a_{\mathrm{g,R}} \tag{7-4}$$

$$d_{\mathrm{C}}=\frac{0.625}{\pi^{2}}a_{\mathrm{g}}S\eta_{\mathrm{eff}}T_{\mathrm{C}}^{2} \tag{7-5}$$

应按式(7-6)计算 η_{eff}的值：

$$\eta_{\mathrm{eff}}=\sqrt{\frac{0.10}{0.05+\xi_{\mathrm{eff}}}} \tag{7-6}$$

最大剪力：

$$V_{\mathrm{d}}=M_{\mathrm{d}}S_{\mathrm{e}}=K_{\mathrm{eff}}d_{\mathrm{cd}} \tag{7-7}$$

式中：S、T_{C}、T_{D}——取决于场地类型的设计频谱参数，见 EN 1998-2 第 7.4.1(1)P 条和 EN 1998-1 第 3.2.2.2 条；

a_{g}——对应于桥梁重要类别的 A 类场地的设计场地加速度；

γ_{I}——桥梁重要性系数；

$a_{\mathrm{g,R}}$——设计场地基准加速度(对应于基准再现周期)。

注 1：EN 1998-1：2004 第 3.2.2.2(1)P 条的弹性反应谱应用周期为 4s。如果 T_{eff}值大于 4s，则使用 EN 1998-1：2004 附录 A 中的弹性位移反应谱，并且通过转化 EN 1998-1：2004 中的式(3.7)，由弹性位移反应谱推导出弹性加速度反应谱。但是，鉴于 $T_{\mathrm{eff}}>4\mathrm{s}$ 隔震桥梁对水平作用的固有低刚度，需要特别注意。

注 2：对于位移刚度为 $K_{\mathrm{s}i}$(kN/m)并且高度为 H_i 的桥墩，该桥墩由平移刚度为 $K_{\mathrm{t}i}$(kN/m)、旋转刚度为$K_{\mathrm{f}i}$(kN/m)、承载有效刚度为 $K_{\mathrm{b}i}$(kN/m)的隔震装置的基础提供支撑，按式(7-8)计算其组合刚度 $K_{\mathrm{eff},i}$(图 7-2)：

$$\frac{1}{K_{\mathrm{eff},i}}=\frac{1}{K_{\mathrm{b}i}}+\frac{1}{K_{\mathrm{t}i}}+\frac{1}{K_{\mathrm{s}i}}+\frac{H_i^{2}}{K_{\mathrm{f}i}} \tag{7-8}$$

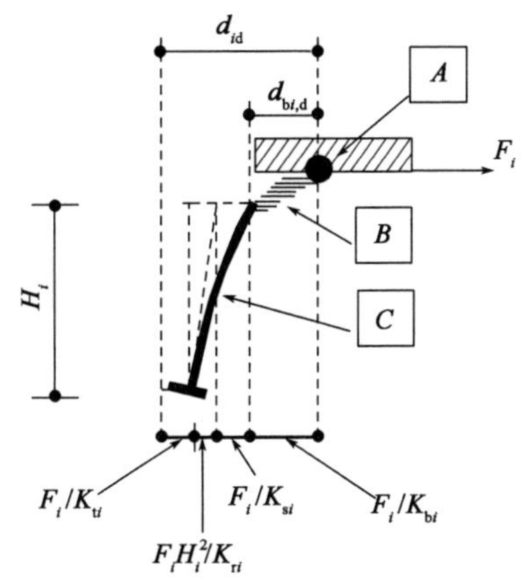

图 7-2　第 i 个桥墩和隔震装置的组合刚度 9 + 87

通常,隔震装置的柔性及其相关位移 $d_{bi}=\dfrac{F_i}{K_{bi}}$ 比上部结构其他部件大很多。出于这个原因,该系统的有效阻尼仅取决于隔震装置耗散能量之和 $\sum E_{Di}$,并且隔震装置的相对位移实际上等于上部结构在该点的位移($d_{bi}/d_{id}=K_{eff,i}/K_{bi}\cong 1$)。

在结构反应主要为非线性的系统中,K_{eff} 和 ξ_{eff} 的值取决于设计位移 d_{cd}。应对 d_{cd} 进行连续近似求值,以便将假设值和计算值之间的偏差限制在 ±5% 以内。

为了确定地震作用对隔震系统和主要横断面方向上(方向 y)底部构造的影响,应按下列公式估算纵向平面偏心距 e_x(在有效刚度中心与桥面块体中心之间)对第 i 个桥墩上的上部结构位移 d_{id} 的影响:

$$d_{id}=\delta_i d_{cd} \tag{7-9}$$

$$\delta_i=1+\frac{e_x}{rr_x}x_i \tag{7-10}$$

式中:

$$r_x^2=\frac{\sum(x_i^2K_{yi}+y_i^2K_{xi})}{\sum K_{yi}} \tag{7-11}$$

式中:e_x——纵向偏心距;

r——围绕穿过质心竖向轴的桥面块体的回转半径;

x_i、y_i——相对于有效刚度中心的第 i 个墩的坐标;

K_{yi}、K_{xi}——分别在 y 和 x 方向上第 i 个隔震装置和桥墩的有效组合刚度。

对于直桥,通常 $y_i \ll x_i$。这种情况下,式(7-11)中的 $y_i^2K_{xi}$ 可省略。

7.5.1.2　多模态谱分析

隔震系统的模拟应具有足够的精度,例如能准确反映下列两种情况的结果:

(1)隔震装置的空间分配和相关破坏效应。

(2)两个水平方向上的平移和围绕上部结构竖向轴的旋转。

上部结构的模拟在平面内的变形应具有足够的精度,模拟时不必考虑偶然质量的偏心。

上部结构的模拟应在刚度分布上具有足够精度,至少基础的扭转刚度的精度应得到保证。如果桥墩很高且质量很大,或者桥墩位于水下,则应正确模拟其质量的分布。

式(7-12)给出的有效阻尼仅适用于周期大于 $0.8T_{eff}$ 的模型。除非给出一个更为精确的相对阻尼比值,否则,对于其他所有模型,应使用与不设隔震装置的结构相一致的阻尼比。

对于地震作用的水平部件组合,应满足 EN 1998-2 第 4.2.1.4(2)条的规定。

隔震系统刚度中心的组合位移(d_{cd})和在两个水平方向上各个方向通过隔震分界面转移的

组合总剪力(V_d)取决于式(7-12)和式(7-13)的下限:

$$\rho_d = \frac{d_{cd}}{d_{cf}} \geqslant 0.80 \tag{7-12}$$

$$\rho_v = \frac{V_d}{V_f} \geqslant 0.80 \tag{7-13}$$

式中:d_{cf}、V_f——设计位移和通过隔震分界面传递的剪力,根据 EN 1998-2 第 7.5.5.1 条中的基本模态谱分析计算。如有必要按式(7-12)和式(7-13)进行检验,则不适用 EN 1998-2 第 7.5.3(1)P 条中的限制条件。

如果不满足式(7-12)和式(7-13)的条件,则作用在隔震系统上的相关效应应乘以以下倍数:

$$\frac{0.80}{\rho_d}\text{(对于地震位移)} \tag{7-14}$$

$$\frac{0.80}{\rho_v}\text{(对于地震力和弯矩)} \tag{7-15}$$

如果桥梁不能近似简化为(甚至粗略近似于)单自由度模型,则式(7-12)和式(7-13)中的限制条件和式(7-14)与式(7-15)中的修正条款将不再适用。这种情况可能出现在下列情况中:

(1)高桥墩的桥梁,桥梁的质量对桥面的位移有很大的影响。

(2)在纵向的桥面的质量中心和有效刚度中心之间有很大偏心距 e_x 的桥梁($e_x > 0.10L$,L 为连续板总长度)。

这种情况下,对于每个方向上的位移和由同一方向上实际桥梁模型的基本模态推导出的力,推荐采用式(7-12)和式(7-13)中的限制条件与式(7-14)和式(7-15)中的修正条款。

7.5.1.3 时程分析

EN 1998-2 第 7.5.5(1)、(2)、(3)、(6)、(7)和(8)条的规定同样适用于带隔震装置桥梁的时程分析。仅将式(7-12)和式(7-13)中的值用作对应于 EN 1998-2 第 4.2.4.3(1)条中设计作用效应的 d_{cd} 和 V_d 值。

7.5.2 中国标准

JTG/T B02-01—2008 在分析步骤和建模方面的规定相对简单,其中第 10.3.1 条、第 10.3.2 条规定了相关的建模原则,规定减隔震桥梁的计算模型除满足 JTG/T B02-01—2008 第 6 章的规定外,尚应正确反映减隔震装置的力学性能,且在计算减隔震桥梁地震作用效应时,宜取全桥模型进行分析,并考虑伸缩装置、桩土相互作用等因素。

JTG/T B02-01—2008 第 10.3.3 条规定了分析方法,规定减隔震桥梁抗震分析可采用反应谱法、动力时程法和功率谱法。一般情况下,宜采用非线性动力时程分析方法。

中国标准的分析方法和欧洲标准基本类似。

7.6 验算

7.6.1 欧洲标准

EN 1998-2 在第 7.6 节规定了验算方法,其中隔震系统根据第 7.6.2 条确定设计地震作用效应,最终的最大总位移值根据增大设计位移 $d_{bi,a}$ 和由于永久作用、上部结构长期变形和温度作用导致的可能偏移来确定,隔震系统的所有构件都应能承受这个最大位移,同时还应承受这个位移下的作用力。对于上部结构和下部结构,根据第 7.6.3 节的规定确定设计地震效应,详见 EN 1998-2 第 7.6 节。

7.6.2 中国标准

JTG/T B02-01—2008 第 10.4 节对性能要求和抗震验算进行了规定。

7.7 特殊要求

7.7.1 欧洲标准

在发生地震时,支座属于易损坏构件,减震支座的应用可在一定程度上减小桥梁结构的地震反应。但汶川地震后在对桥梁支座的震害调查中发现,一些桥梁的支座安装不当,不但没起到减震效果,反而增大了落梁发生率。JTG/T B02-01—2008 规定了 D 类桥梁和重力式桥梁支座抗震能力的验算方法,板式橡胶支座的验算包括厚度验算和抗滑稳定性验算,盆式支座的验算包括活动盆式支座的水平滑动验算和固定盆式支座的水平承载力验算。在 EN 1998-2 中,采用的支座形式包括固定支座、滑动支座和黏弹性支座。如果固定支座的更换没有困难且作为第二道防线提供了地震连接,固定支座可只按地震状况设计,否则应通过能力设计确定。滑动支座应满足地震设计状况下位移的设计值而不破坏。黏弹性支座可用于下列情况:①在单个支点上,适应多变形且只抵抗非地震水平作用,设计地震作用由主梁及其他支撑构件(桥墩或桥台)的结构连接抵抗(独柱或通过固定支座);②在所有或单个支点上,具有①的功能,与设计用来抵抗地震作用的地震连接组合在一起使用;③在所有支点上,抵抗非地震作用和地震作用。

EN 1998-2 对桥梁的减隔震措施比较重视,如背墙的缓冲设计即为减隔震措施的一种,在其标准体系中对其进行了较详细的规定和说明。根据梁的高度和相对于背墙的位置,可以采用与图 7-3 所示相对应类型的背墙缓冲设计。

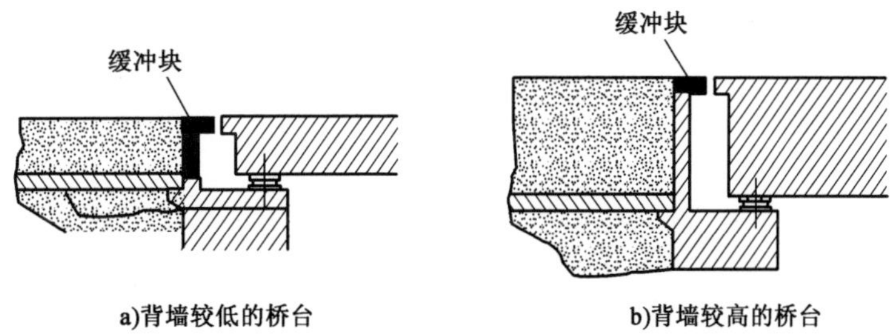

图 7-3 背墙的缓冲设计示意

背墙缓冲设计要求在背墙和桥梁上部结构之间保留足够的空间。如果背墙和桥梁上部结构间的空间较小,背墙的缓冲作用不一定能得到发挥,这时就需要对结构重新进行验算。对于高度较小的背墙,可以采用整个背墙作为缓冲部件,强震时允许背墙损坏。由于背墙的损坏对地震效应起到了缓冲作用,从而保护了桥台的安全。对于高度较高的背墙,设计中应努力避免背墙底部的开裂。因为背墙底部的开裂有可能造成工作量较大的修复工作(运输的中断、桥台的部分清理、背墙和耳墙的重修等)。所以,一般是设计一个允许在强震中损坏的缓冲块,并把其放置在背墙的上部,这样就可以很方便地进行维修。

图 7-4 是一个二次浇筑的混凝土缓冲块结构示意图,施工缝处涂一层聚氨基甲酸酯膜。将缓冲块与背墙黏结,同时设置少量钢筋,以保证缓冲块在非强震情况下能够正常工作,强震发生时缓冲块在接触面上产生滑动,吸收能量,减小地震对桥台的危害。

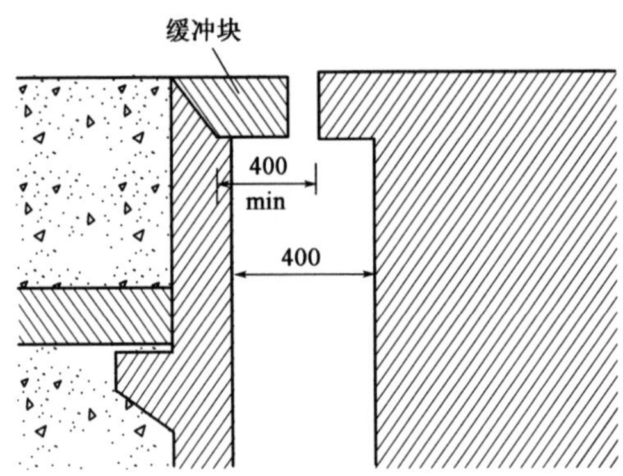

图7-4　二次浇筑的混凝土缓冲块结构示意图(尺寸单位:mm)

7.7.2　中国标准

JTG/T B02-01—2008 第10.1.8条和第10.4.3条均规定了减隔震装置的构造宜尽可能简单、性能可靠,应在其性能明确的范围内使用,并进行定期的维护和检查;应考虑减隔震系统的可更换性要求。同时对减隔震的变形、阻尼等力学参数,应进行试验测试。试验得到的力学参数值应在设计值的±10%以内。

7.8　本章小结

本章将欧洲标准和中国标准对桥梁减隔震设计的相关规定进行了简单的对比,主要包括基本要求、应遵守的准则、分析方法建模、验算标准和相关的特殊要求,可以看出欧洲标准的相关规定比较详细,不仅有定性的规定,很多条文还进行了定量的分析。相比而言,中国标准的相关规定主要停留在定性分析方面,应进一步改进和补充。

参 考 文 献

[1] 中华人民共和国交通运输部. 公路桥梁抗震设计细则:JTG/T B02-01—2008[S]. 北京:人民交通出版社,2008.

[2] 中华人民共和国交通运输部. 公路工程抗震规范:JTG B02—2013[S]. 北京:人民交通出版社,2013.

[3] Eurocode 2:Design of Concrete Structures Part 1-1:General Rules and Rules for Buildings[S]. London:British Standards Institution,2004.

[4] 中华人民共和国住房和城乡建设部,中华人民共和国国家质量监督检验检疫总局. 建筑抗震设计规范:GB 50011—2010[S]. 北京:中国建筑工业出版社,2010.

[5] 中华人民共和国住房和城乡建设部. 建筑工程抗震设防分类标准:GB 50223—2008[S]. 北京:中国建筑出版社,2008.

[6] 中华人民共和国住房和城乡建设部. 工程结构可靠性设计统一标准:GB 50153—2008[S]. 北京:中国建筑出版社,2008.

[7] Iqbal A. Performance evaluation of Bolu viaducts in terms of performance-based seismic design of bridges[J]. New Zealand Society for Earthquake Engineering,2007,1-10.

[8] 全国地震标准化技术委员会. 中国地震动参数区划图:GB 18306—2015[S]. 北京:中国标准出版社,2015.

[9] 范力,赵斌,吕西林. 欧洲标准8 与中国抗震设计规范关于抗震设防目标和地震作用的比较[J]. 结构工程师,2006(22):59-63.

[10] 胡聿贤. 地震工程学[M]. 2 版. 北京:地震出版社,2006:1.

[11] 罗开海,王亚勇. 中美欧抗震设计规范地震动参数换算关系的研究[J]. 建筑结构,2006,36(8):103-107.

[12] BS EN 1990. Eurocode:Basis of structural design [S]. London:British Standards Institution:2002.

[13] 孙勇,张志强,金淋芳. 弹塑性静力分析方法的研究现状[J]. 江苏建筑,2009(1):12-16.

[14] 扬媛,白绍良. 从各国规范对比看我国抗震设计安全水准评价中的有关问题[J]. 重庆建筑大学学报(增刊),2000,22(5):192-200.

[15] 王光裕,刘保东,李鹏飞. 新旧公路桥梁抗震设计规范的对比和分析[J]. 工程抗震与加固改造,2010,32(2):68-71.

[16] Floren A., Mohammadi J. Performance-based design approach in seismic analysis of bridges [J]. Journal of Bridge Engineering,ASCE,2001,6(1):37-45.

[17] CEN. European Standard EN 1998-3:2005 . Eurocod e 8:Design of structures for earthquake resistance. Part 3:Assessment and retrofitting of buildings[S]. Brusells :Comite Europeen de Normalisation,2004.

[18] CEN. European Standard EN 1998-2:2004 . Eurocode 8:Design of structures for earthquake resistance . Part2:Bridges[S] . Brusells:Comite Europeen de Normalisation,2004.

[19] CEN. European Standard EN 1998-1 :2004. Eurocode 8 :Design of structures for earthquake resistance . Part 1 :General rules,seismicactions and rules for buildings[S]. Brusells:Comite Europeen de Normalisation,2004.

[20] 王亚勇,郭子雄,吕西林. 建筑抗震设计中地震作用取值——主要国家抗震规范比较[J]. 建筑科学,1999,15(5):36-40.

[21] 童根树,赵永峰. 中日欧美抗震规范结构影响系数的构成及其对塑性变形需求的影响[J]. 建筑钢结构进展,2008,10(5):53-62.

[22] 丁玉琴,张永兴. 欧洲抗震设计规范 Eurocode 8 简介及其与我国岩土抗震设计比较[J]. 地震工程与工程振动,2010,20(5):134-141.

[23] 胡兴. 中欧建筑抗震设计规范条款比较分析[D]. 武汉:武汉理工大学,2005:8

[24] 陈国兴. 中国建筑抗震设计规范的演变与展望[J]. 防灾减灾工程学报,2003,23(1):102-113.

[25] 郭明珠,陈厚群. 场地类别划分与抗震设计反应谱的讨论[J]. 世界地震工程,2003,19(2):108-111.

[26] 陆文超,张俊海. 国内外抗震设防目标的分析[J]. 建筑与结构设计,2007:27-30.

[27] 刘洁平,李小东,张令心. 浅谈欧洲标准 Eurocode 8——结构抗震设计[J]. 世界地震工程,2006,22(3):53-59.

[28] 林淼童. 从各国规范比较看结构抗震设计思想的演变[J]. 工程建设与设计,2005,12(10):11-13.

[29] 王永强,王勇. 欧洲规范的现状与未来发展[J]. 公路工程,2007(5):167-170,184.

[30] 蒋志楠. 我国建筑抗震规范中部分条款的演变及与欧美规范的对比探讨 [D]. 哈尔滨:中国地震局工程力学研究所,2010.

[31] 李宗文,马建勋,马鸿敏,等. 中、欧、日建筑抗震设计规范相关规定的比较[J]. 建筑结构,2018,48(S1):325-328.

[32] 王祖平. 中欧抗震设计规范地震动参数对比分析[J]. 广东建材,2018,34(5):51-55.

[33] 张金禹. 中欧桥梁抗震规范对比及赞比亚 PC 连续梁桥抗震分析[D]. 兰州:兰州交通大学,2016.

[34] 王一功,周诚. 中国与新西兰抗震规范中的地震输入对比分析[J]. 建筑结构,2019,49(13):66-71.

[35] 徐叶波,于森,史洪山,等. 规范 IBC2015 和 UBC1997 抗震设计对比分析[J]. 低温建筑技术,2019,41(6):130-133,137.

[36] 项梦洁,秦云,王宪杰,等. 基于新建筑抗震设计规范考虑场地土特性的人工波生成及可靠性研究[J]. 计算力学学报,2019,36(3):345-351.

[37] 陈楠. 中国公路桥梁抗震设计规范探讨[J]. 工程技术研究,2019,4(4):172-173.

[38] 但庆文,张传勇,刘章军. 桥梁结构非平稳随机抗震分析[J]. 三峡大学学报(自然科学版),2018,40(5):58-62.

[39] 尹新生,李百隆,陈莎莎,等. 交错混凝土桁架剪力墙结构的抗震性能研究[J]. 工程抗震与加固改造,2018,40(4):27-33.

[40] 范萍萍,陆新征,叶列平. 不同抗震等级 RC 框架结构抗地震倒塌能力的研究[J]. 工程力学,2018,35(6):33-41.

[41] 李瑞山,袁晓铭,吴晓阳. 抗震规范等效剪切波速简化算法适用性研究[J]. 地震工程与工程振动,2018,38(3):30-36.

[42] 程卫红. 中澳抗震设计规范对比研究[J]. 建筑结构,2018,48(5):74-78.

[43] 马静. 反应谱法在变截面连续箱梁桥抗震计算中的应用[J]. 北方交通,2018(2):1-5.

[44] 杨银军. 二级公路改建工程中桥梁的抗震设计分析[J]. 工程技术研究,2017(12):255-256.

[45] 李辉,李龙华,李锐. 中国与印尼抗震规范基底剪力的分析比较[J]. 武汉大学学报(工学版),2017(S1):285-288.

[46] 孙印,刘明军. 公路桥梁及城市桥梁抗震重要性系数与地震重现期[J]. 价值工程,2017,36(27):198-200.

[47] EN 1998-1:CEN(European Committee for Standardization):Design of structures for earthquake resistance——Part 1:General rules,seismic actions and rules for buildings,2004.

[48] EN 1990:2002,CEN(European Committee for Standardization). Eurocode basis of structural design.

[49] 李峰,侯建国,安旭文,等. 国内外规范中目标可靠指标取值的比较研究[J]. 电力建设,2009(5):13-16.